꽃은 향기로 말한다

구영례 수필집

교음사

책 머리에

향기 나는 충만한 삶을 위하여

수필은 작가의 체험을 통해서 거짓 없이 써내려간 허구가 허용되지 않는 논픽션으로 인간적인 따뜻한 정(情)의 문학이다. 수필은 시와 소설과는 장르가 달라서 글 속에 작가의 모든 실체가 거울 속에 그대로 비춰지듯 바로 투영된다.

사람들은 대개 수필을 붓 가는 대로 쉽게 쓰는 무형식이라지만, 쓰면 쓸수록 수행자의 험난한 고행처럼 어렵다. 수필작가는 한 편의 수필을 쓰기 위해서 맑고 순수한 심령으로 깊은 사유와 자기성찰의 성숙한 삶을 항상 살아야 하는 것이었다.

등단한지 얼마 되지 않았지만 수필의 심오한 매력에 빠져들어 밤낮으로 열병을 앓다가 흩어져 있던 100여 편의 글들 중에서 미흡하나마 화창한 봄날에 첫수필집을 상재하였다.

지난 세월 속에 나의 성숙되지 못했던 어설픈 삶의 편린들을 거짓 없이 모두 보여주게 되어 한없이 부끄럽지만, 남은 여정을 더욱 향기 나는 충만한 삶을 살기 위한 새로운 다짐이 되었다.

좋은 수필을 잘 숙성된 김장김치에 비유한다면 나의 글은 완숙의 단계에는 아직은 매우 이른 맛이다. 그래서 항상 생각의 안테나를 높이 세워 발상의 전환에 매진하건만, 여전히 성숙되지 못한 능력의 한계 앞에서 절망할 때가 한없이 많았다.

앞으로 잘 숙성되어 감칠맛 나고 좋은 글로써 이웃들에게 따뜻한 감동을 전하고 싶다. 그래서 오늘도 믿음의 삶 속에서 미욱한 내게 한없는 사랑과 긍휼을 베푸시는 주님 앞에 기도한다.

이 책이 출간되기까지 만삭되지 못한 자에게 펜을 소명으로 허락하신 하나님께 감사와 영광을 돌린다. 고인이 되신 부모님과 존경하는 수필가 목경희 시모님, 맘껏 글을 쓰도록 사랑의 울타리가 되어준 남편 박치원 시인에게 감사하고, 문사가문을 잇는 아들 박도근 시인, 봄꽃향기 속에서 결혼하는 딸 박진화와 귀한 사위 정주봉에게 사랑과 축복을 듬뿍 보낸다.

끝으로 오래도록 변함없는 사랑으로 이끌어준 광명 개명교회 권속들과 서평을 기꺼이 맡아주신 존경하는 한국수필문학가협회장 강석호 장로님과 수필문학사 편집부 관계자분들께 진심으로 감사하면서, 수필문학, 광명문협 문우들과 친구들을 비롯하여 이 책을 읽는 모든 분들께 하나님의 평강이 늘 함께 하시길 기원 드린다.

2011년 5월 광명 도덕산기슭 자택에서

저자 安水堂 **구영례**

구영례 수필집

꽃은 향기로 말한다

부 들꽃 향기처럼

2부
파랑새의 노래

3부 꽃은 향기로 말한다

4부 바다는 강물을 가슴에 품는다

5부 앙코르 미소

1부

들꽃 향기처럼

· 우리들의 우정이 지초와 난초같이 맑고 향기로운 두터운 사귐으로 세상 끝날 때까지 함께하고 싶다. 나는 오늘도 친구에게 사랑의 빚을 지고서 살아간다.

추억의 아카시아

계절이 새롭게 바뀔 때마다 창조주의 위대하신 능력과 변함없는 사랑을 소리 높여 찬양하고 싶다. 만물의 고운 멜로디가 귓가에 울려 퍼지는 봄이 오면 수많은 꽃들의 향기에 취한다. 그중에 아카시아 꽃향기가 풍겨올 때면 유년시절 추억의 편린들이 아련하게 떠오른다.

덕유산 남쪽 끝자락 기슭에 산천이 수려한 장계(長溪)는 큰 물줄기가 합수하는 금강 상류지역이었다. 여름에 장마철이 돌아오면 제방을 범람하는 물길로 동네가 온통 긴장의 소용돌이에 빠졌다. 우리 집도 수해로 전답이 모두 유실되고 남은 땅을 온 가족이 개간을 하였다. 하지만 거대한 황톳물은 어린 내 앞에서 냉큼냉큼 땅을 삼켜버려 종래에는 손바닥만큼 남았다.

척박한 모래땅에 수박 참외 과일들을 재배했지만 수확기에 이른 농작물을 매년 장마철에 수마가 할퀴어갔다. 부모님은 발을 동동 구르며 하늘을 우러러 탄식하셨다. 끝내는 나무 한 그루 없는 허허벌판 거대한 강변 곁에 오두막을 짓고 수마와 전쟁을 선포했다. 어느 날, 바람에 날려 왔나 빗물에 쓸려 왔는지 어린 아카시아나무 두 그루가 밭모퉁이에 뿌리를 내렸다.

물줄기가 내리치는 밭둑 위쪽에서 해가 바뀔 때마다 무성하게 자랐다. 점점 큰 그늘과 탐스러운 하얀 꽃을 피우며 고운 향기로 우리 가족에게 기쁨을 줬다. 그뿐 아니라 항상 장마철에 대책 없이 쳐들어오던 거대한 황톳물을 틀어쥐고 용감하게 우리 땅의 수호천사가 되었다. 가끔씩 밭둑이 조금은 허물어져도 더 이상 남은 땅을 수마에 빼앗기지 않았다.

아카시아의 장한 원정에 힘을 얻은 아버지는 큰 돌들을 굴려와 밭 둘레에 둑을 높게 몇 겹으로 쌓았다. 장마에 허물어지면 힘겹게 다시 복구에 전념하셨다. 그러나 말수 적은 당신의 가슴 속에 화병이 도져 지난 세월들이 떠오르면 서럽게 통곡하셨다. 아카시아그늘에서 술에 만취하여 곤하게 잠드신 늙은 아버지의 모습은 어린 내 맘에 항상 이해할 수 없는 큰 슬픔이었다.

부모님은 젊은 시절에 일본에서 장사로 많은 돈을 벌어 금의환향을 하셨다. 그러나 조부모의 상을 연이어 당하는 사이에 그만 해방을 맞아 화폐개혁으로 휴지가 되고 말았다. 설상가상으로 해방되던 무자년 수해로 전답 오십 마지기가 모두 유실되었다. 아이러니하게도 나라에는 새로운 역사가 펼쳐진 기쁜 해방이었지만 우리에게는 간난의 가족사가 시작되었다.

우리 집안에 소유하고 있던 모든 것을 잃어버린 십년 후 절망의 그늘아래에서 육남매 중에 쉰둥이 막내로 내가 태어났다. 어린 내게는 가진 것이 부족해도 온 가족이 사랑하면서 살아 갈 때 세상에 부러운 것이 없는 행복이었다. 사람들은 가난이 죄라고 말했지만 배가 조금 고프고 갖고 싶은 걸 모두 갖지 못하는 것일 뿐 하나도 기죽을 필요가 없는 말이었다.

가난은 어린 내게 죄와 부끄러움이 못 되었다. 다만 내 소원은 부모님이 더 이상 늙지 않으시고, 남은 땅이 장마에 떠내려가지 않아 늙은 아버지가 제방을 힘들게 쌓지 않는 일이었다. 그러나 아버지는 손바닥만큼 남겨진 땅에 무슨 의미를 두고 그토록 그곳을 떠나지 못하셨는지. 오랜 세월이 흐른 이제야 절규하시던 아버지의 아픔을 겨우 이해하게 되었다.

아카시아 꽃그늘아래에서 엄마의 회갑 때에 암돼지를 잡아 멀리 있는 이웃과 온 가족이 모여 즐거운 잔치를 벌였다. 이곳은 백마용사로 월남전에서 몸성히 살아 돌아온 막내오빠가 친구들과 인생을 논하며 막걸리잔치를 종종 벌이던 곳이었다. 나는 그 행복한 휴식처와 놀이공간인 아카시아나무 그늘아래에서 멍석을 깔고 책을 읽다가 스르르 눈을 감곤 했다.

그러노라면 푸른 하늘가 해님과 밤하늘에 달님 별님과 향기로운 산꽃들의 고운얘기가 들려온다. 집 앞에서 밤새 울어대던 소짝새의 사연과 냇가 자갈밭에 알을 품고 있는 물새들의 소곤거림 속에서 잠이 들었다. 집 앞에서 사시사철 밤낮으로 재잘대며 흐르는 시냇물의 합창소리는, 형제들이 객지로 모두 떠나고 외딴집에 혼자인 어린 내게 항상 친구가 되어줬다.

꽃그늘 아래 맑은 물속에는 코발트빛 하늘과 앞산 방아재의 사계절 풍경이 곱게 펼쳐졌다. 아버지가 쌓아놓은 제방 틈 사이에는 무지개 빛의 가라지를 비롯하여 쉬리, 꺽지, 메기, 쏘가리 등 많은 생물들이 살았다. 적자생존 속에서 영악한 물고기들에게 간혹 미끼마저 빼앗길 때가 많았지만, 얼큰하고 담백한 어죽 탕과 튀김 맛은 일품이었다. 우리 가족들은 여름에는 장마에 대한 두려움을 잠시 잊고 아카시아 시원한 그늘아래에서 행복한 천렵을 자주 즐겼다.

춘궁기가 시작되면 어린 쑥으로 개떡과 쑥버무리를 해 먹고 아이들은 산과 들로 간식거리를 찾아다니며, 찔레꽃 연한 대궁을 벗겨먹으며 허기를 달랬다. 하루는 엄마가 향긋한 아카시아 꽃에 쌀가루를 섞어서 만든 하얀 떡 버무리를 만들어 주셨다. 그 후부터 아카시아 꽃봉오리가 피기 시작하면 맛있는 꽃떡 생각에 마음이 저절로 설레곤 하였다.

아버지는 엄마의 한 많은 여정을 끝으로 어린 내 손을 잡고 아카시아꽃 그늘을 떠나게 되었다. 당신은 거역할 수 없었던 운명 앞에 모든 걸 잃어버리고 손바닥만큼 남은 땅 마저도 매년 수마에 빼앗겨야 했다. 그리했을지라도 부모님은 세상을 떠나기 전에 그곳에서 보냈던 세월을 가장 행복했노라고 회상하셨다. 해마다 오월이 오면 가족의 사랑과 애환을 노래하며 나의 어린영혼의 쉼터가 되어 준 추억의 아카시아꽃 그늘이 가슴 아리도록 그리워진다.

(2008. 1『수필문학』초회등단)

가슴으로 흐르는 강

싱그러운 연두색 신록을 바라보며 오월 속에 내가 있다는 사실은 어린아이처럼 마냥 기쁘고 행복하다. 엊그제 수많은 꽃들이 피고 진자리에 돋아나온 여린 새순에서는 아가의 향긋한 향기가 난다. 문득 어릴 적 동심에 즐겨 불렀던 동요와 함께 아릿한 단상 한편이 생각난다.

> 날아라 새들아 푸른 하늘을/ 달려라 냇물아 푸른 벌판을/
> 오월은 푸르구나 우리들은 자란다/ 오늘은 어린이날 우리들 세상/

강당에서 초등학교 졸업식을 마치고 양손에 우등상장과 졸업장을 쥐고는 교문을 나섰다. 무심코 향한 곳은 장계하천이 꽁꽁 얼어있는 서동방천 둑 위에 앉아서 서럽게 울고 말았다. 처음 시행된 중학교평준화로 장학생선발 기회도 없어지고 청운의 꿈은 가난 속에 묻혀 버렸다.

봄에 멋진 교복을 입은 친구들의 모습을 멀리서 바라보는 어린 맘은 몹시도 아팠다. 시름에 빠져 있는데 친구 영자가 찾아와서 도회지에 사는 언니가 가사 일을 돌볼 여자아이를 구한다고 조심스레 말했다. 나는 생각 끝에 부모님을 설득하여 남의집살이를 떠나게 되었다.

집을 나서자 신작로 양옆에 포플러나무의 연한 잎새들이 햇살에 에메랄드 보석처럼 빛을 내며 바람에 하늘거렸다. 논에는 모내기가 한창이었지만 우리 논들은 수해로 휩쓸려가서 모내기를 하지 못한지 오래되었다. 아버지는 조금 남겨진 척박한 모래땅에 수박과 참외 모종들을 정성껏 옮겨 심으셨다. 집을 나서기 전에 밭에 들려서 파릇파릇한 여린 새싹들을 둘러봤다.

정든 집을 떠난 적이 한 번도 없었기에 길을 나서려니 자꾸만 눈물이 나서 뒤를 연신 돌아다보았다. 저 멀리 보이는 벌판에 작은 초가집 앞에는 늙으신 엄마가 나를 향해 손을 연신 흔들고 서 계셨다. 철없는 열네 살 막내딸을 남의 집에 보내야하는 심정은 피눈물을 짓고 계셨으리라. 엄마를 향해 손을 흔들고 뒤돌아서 발걸음을 재촉하여 앞만 보고 달려갔다.

동행한 친구 오빠는 기차에서 맛있는 음식을 사주고 울적한 내 마음을 위로해주며 밤늦게야 오산에 도착하였다. 친구 언니는 친동생처럼 따뜻하게 잘 대해줬지만, 엄마 품과 고향집이 몹시 그리웠다. 이러다가 알프스소녀 하이디처럼 향수병에 걸릴 것 같았는데 다행이도 그런 일은 일어나지 않았다. 시간 틈틈이 책 보따리를 풀어 공부를 할 때가 가장 신나는 시간이었다.

그곳에서 가수 이미자의 멋진 공연을 보고 난 뒤에 친구들에게 자랑을 하고 싶었지만, 막상 고향에 돌아와서는 어느 누구에게도 말을 못했다. 내가 그곳에 있었던 사연까지 털어놓을 자신이 도무지 없어서였다.

그렇게 지내던 집이 고향에서 더욱 먼 의정부로 이사하여 맘이 우울하였다. 얼마 후 언니가 둘째아이를 낳고 옷가게와 숙박업을 겸하여 바쁜 나날이었다. 그중에 손님의 와이셔츠를 깨끗이 빨아주면 용돈을 줘서 추운날씨에 손이 시려도 흥미 있는 일이었다.

하루는 옆집아이가 내 용돈을 몰래 털어갔다. 한 푼도 안 쓰고 모은 월급과 용돈은 부모님께 보낼 돈이라 맘이 아파 혼자 오래도록 울었다. 부모님이 몹시 그리울 때마다 편지를 써서 어서 커서 돈 많이 벌어다 드리겠다고 했다. 늙은 아버지는 쉰둥이 막내딸 편지를 읽으며 눈물을 많이 흘렸노라고, 후에 오래도록 마음에 한이 되어 입버릇처럼 목이 메어 말하곤 하셨다.

부모님을 떠나 타향살이도 몸에 익숙해져 가던 중에 아버지께서 보낸 편지가 날아들었다. "막내야 받아 보아라. 이 애비가 중학교에 꼭 보내주마. 새 학기가 되기 전에 몸 건강히 집으로 속히 돌아오너라."라는 소식이었다. 드디어 나의 청운의 꿈은 이루어지게 되어 하늘을 날 것처럼 한없이 기뻤다. 창밖에는 나를 축복하듯 첫눈이 소담스럽게 펑펑 내리기 시작했다.

고향으로 돌아오기 전날 언니네 옷가게에 점원이 새로 들어왔는데, 어릴 적에 동갑내기 소꿉친구 인성이었다. 그는 반가움에 내 손을 꼭 부여잡고 "너는 고향으로 돌아가 학교를 가서 참 부럽다. 내 몫까지 열심히 공부해서 꼭 훌륭한 사람이 되어라."며 울먹였다. 나는 고향에 내려가서 학교를 다니는데 친구는 객지에서 고생하게 되어 마음이 아프고 미안해서 함께 울고 말았다.

고향으로 향한 발걸음은 청운의 꿈에 부풀어 새털처럼 가벼웠다. 해질녘에 도착한 고향산천은 마냥 반갑기만 하였다. 그리웠던 고향의 신선한 공기와 흙내음은 엄마의 품처럼 어린 마음을 평안하게 했다. 저 멀리 방아재 벌판 앞에 홀로 보이는 우리 오두막집이 보였다. 모링이 마을의 초가집마다 굴뚝에서 몽글몽글 피워 오르는 하얀 연기가 모처럼 정겨울 수가 없었다.

추위에 지친 해님도 내가 반가운 듯 서산마루에 걸터앉아 환한 미소를 짓고 있었다. 포플러나무가 앙상하게 서있는 신작로와 텅 빈 겨울들판을 걸으면서 혼자임을 까맣게 잊었다. 머잖아 멋진 교복 입을 모습에 입에서는 저절로 흥겨운 노래가 흘러나왔다. 단발머리 작은 계집아이는 정든 집을 향해 꿈에도 그리웠던 엄마를 큰소리로 외쳐 부르며 한달음에 달려갔다.

그토록 그리웠던 부모님은 세상을 떠나시고 여전히 싱그러운 푸른 오월은 내 곁에 수십 번을 찾아왔다. 도덕산에 가득 핀 아카시아꽃향기는 유년의 아릿한 추억을 좇아서, 활짝 열어놓은 창문을 넘어와 마음에 가득히 채운다. 이제야 세월이 나를 철들게 하여 자식들 몰래 지나온 세월을 반추하며 회한에 젖는다. 가난이란 지독한 형벌 속에서 철없는 어린 딸을 위해 흘리던 늙은 아버지의 눈물은 지금도 내 가슴으로 강이 되어 흐른다.

(2010. 12.『기독교수필』)

겨울이야기

우수 경칩이 지나가고 봄이 오는 길목이건만 함박눈이 펑펑 쏟아지며 다가온 여린 봄을 자꾸만 막아섭니다. 계절이 제구실을 다하지 못하는 것은 기후변화의 탓도 있지만, 우리들의 편리를 위한 무분별한 문명이기에서 온 결과라고 생각합니다. 그래서 겨울에 대한 아쉬움을 어린시절에 고향에서 보냈던 옛 추억의 편린들을 가만히 떠올려봅니다.

제 고향은 덕유산 남쪽자락에 있는 장계입니다. 전북 동부 산간지대 교통과 상업의 최대중심지로 서울에서 세 시간 남짓 걸립니다. 옛날에는 고향을 가려면 병풍처럼 둘러싸인 산을 팽이처럼 돌고 돌아서 하루 종일 걸렸습니다. 두메산골이지만 산세가 부드러운 청정지역으로 탄산수 같은 공기와 맑은 강물이 산 아래를 굽이쳐 흐르는 비경이 많습니다.

겨울이 돌아오면 하얀 눈꽃세상 속에 25개 부락이 툭 터진 사방 십리 안에서 옹기종기 모두 한 눈에 볼 수 있어 정겨웠습니다. 마을마다 초가집 굴뚝에서 몽글몽글 연기가 피워 오르는 풍경은 매우 평화로웠어요. 싸리문을 살며시 열고 들어서면 집집마다 얇은 창호지문은 거센 바람도 거뜬히 막아주었고, 처마 끝에 매달린 수정고드름은 동심을 온통 흔들어 놓았습니다.

추위를 피해서 헛간 담 아래로 내려온 귀여운 새를 잡으려고 아이들은 덫을 놓고 가만히 숨죽여 기다립니다. 하지만 잽싸고 빠른 참새를 잡는 일이란 여간 어렵지 않기에, 새를 잡았을 때는 친구들 사이에서 영웅이 되었습니다. 지금은 풍요로움 속에 우리 아이들은 갖고 싶은 것을 쉽게 가질 수 있지만, 그 작은 생명과 나누던 애틋한 교감을 느낄 수 있을까요.

강추위에 장계천과 저수지가 하얗게 꽁꽁 얼면 아버지가 만들어 주신, 멋진 앉은뱅이 스케이트를 타고 신나게 얼음지치기를 합니다. 엄마가 만들어 주신 토끼털 귀마개와 털장갑은 참 따뜻했습니다. 하늘에서 눈이 펑펑 쏟아져 무릎까지 푹푹 빠지는 하얀 들판을 친구들과 강아지처럼 뛰어다녔습니다. 장난감과 놀이기구가 별로 없었어도 내내 심심하지가 않았습니다.

오랜 세월 고향을 지키는 장엄한 느티나무가 거센 삭풍에 휘파람 소리를 내는 이른 아침입니다. 당번으로 학교에 일찍 도착하여 작은 석탄 덩어리를 배급 받아와서 난로에 불을 지피면 교실 안은 금방 훈훈해집니다. 헝겊보자기에 싸서 어깨에 둘러메고 온

책가방 속에서 꺼낸 양은도시락을, 난로 위에 높게 쌓아 놓고 데우면 수업시간에 밥이 눌어붙는 냄새가 구수합니다.

우동방죽 위에 전설이 깃든 깁재에서 시린 북풍이 불어오면 서동방천 둑 위에서 가오리연을 하늘로 팽팽히 날립니다. 창공으로 띄운 연은 내 청운의 꿈을 싣고 긴 꼬리를 흔들며 첩첩산중을 벗어나서 하늘 높이 날아갔습니다. 문득 앙상한 포플러나무가 서 있는 신작로를 달리는 버스를 바라보면서, 도회지는 어떤 세상일까 상상의 나래를 타고 미지로 종종 떠났습니다.

구들장에 온기가 썰렁하게 식은 이른 아침이면 밤새 윗목에 떠놓아둔 자리끼 물그릇이 하얗게 꼉꼉 얼었습니다. 방문을 열면 무쇠 문고리에 손가락이 쩍쩍 달라붙었습니다. 따뜻한 물을 데우느라 토방아궁이 앞에서 불을 지필 때 훨훨 타오르던 불꽃유혹은 언제나 마음을 설레게 했습니다. 그럴 때마다 부지깽이의 희생으로 그 유혹을 과감하게 막아주곤 했습니다.

호롱불 아래에서 엄마가 들려주시던 논개님의 장한 애국충절의 옛이야기들은 언제나 감동스러웠습니다. 긴긴 겨울밤에는 삶은 고구마와 무를 먹고 속 트림과 경쾌한 방귀소리에 형제들은 배꼽잡고 박장대소합니다. 사랑하는 가족들과 오순도순 함께 보냈던 나의 가난한 겨울은 마음속까지 따뜻했습니다. 이제는 먼 옛날이 되어버린 시절이 가슴 아리도록 그립습니다.

정월 대보름이 오면 '내 더위 네 더위 만 더위'를 외치며 여름

더위를 친구들에게 팔아넘깁니다. 해 뜨기 전 친구 집에 달려가서 응답을 먼저 받아내기는 쉽지가 않았습니다. 어른들이 낮에는 넓은 들녘에 해충을 없애려고 쥐불을 놓아 풍년을 기원 했습니다. 밤에는 달님에게 늙으신 부모님 건강하게 오래사시고 나는 착한 아이가 되어 공부 잘하도록 간절히 빌었습니다.

동네주변에 추수하고 비어있는 논 한가운데에서 동네사람들이 모여 솔가지와 장작을 높게 쌓아 불을 피워서 연과 부적들을 태워 액땜을 합니다. 개구쟁이들은 어른들의 지청구에도 아랑곳 않고 불꽃주변에서 불장난을 신나게 합니다. 그러다가 아침에 기어이 키를 쓰고서 앞집 정희네로 소금을 얻으러 갈 때는, 창피스럽고 속상해서 눈물을 펑펑 흘리곤 했었습니다.

달빛아래에는 우리 문간방에 살면서 아버지를 갑자기 여의고 서럽게 울던 소꿉친구 인성이가 깡통에 불을 담아 힘껏 돌리고 있었습니다. 작은 불꽃이 아름답게 사방에 흩어질 때는 하늘에 떠 있던 수많은 별들이 온통 우리 곁에 떨어져 내리는 기분이었습니다. 슬픔을 잠시 잊고 보름달처럼 활짝 웃던 아이의 눈빛을 오랜 세월동안 가슴에서 잊지를 못했습니다.

큰 바가지에 오곡밥과 갖은 나물을 넣고 친구들과 쓱쓱 비벼서 맛있게 먹던 비빔밥은 별미였습니다. 집집마다 찾아오던 사물놀이패의 지신밟기 농악놀이에 온 동네가 왁자지껄 한바탕 떠들썩합니다. 평소에 과묵했던 부친이 멋진 옷차림에 장구를 메고 덩더꿍 덩더꿍 장단을 치며 흥겨워하셨습니다. 이웃이 하나가 되어 평안과 풍년을 기원하며 따뜻한 인정을 나누었습니다.

정월 대보름이 지나고 봄바람이 살랑살랑 불어오면, 꽁꽁 언 장계하천에서부터 봄은 우리들 곁으로 다가오기 시작했습니다. 겨우내 잠자던 푸른 생명들이 두터운 흙을 뚫고 생명의 기적으로 태어나서 고향의 봄을 노래 부릅니다. 그러면 겨울이야기는 막을 내리고 봄의 전령사 매화꽃, 산수유꽃, 진달래꽃, 벚꽃, 개나리꽃들이 찬란한 봄소식을 들려줍니다.

우리들이 살았던 시절에는 가난하고 배고팠지만, 이웃간에 서로 사랑하며 배려하고 '우리'라는 의미 속에서 인정이 넘쳤습니다. 언젠가는 그리운 고향산천으로 돌아가서 고향친구들과 더불어 따뜻한 인정을 나누며 살고 싶습니다. 도회지에서 오래도록 살다보니 이토록 아름다운 고향을 자녀들의 가슴 속에 남겨주지 못해서 미안하고 아쉽기만 합니다.

각박한 현실은 물질만능주의 속에 점점 황폐화 되어가는 따뜻한 인간성회복이 절실할 때입니다. 세월이 갈수록 계절다운 감동도 그립습니다. 이제는 나 홀로 간직해야 할 먼 옛날의 전설이 되었지만, 아름다운 고향의 추억이 있기에 참으로 행복합니다. 봄이 오는 창가에서 회상했던 겨울이야기는 한 폭의 아름다운 수묵화로 내 가슴 속에 영원히 남겨질 것입니다. (2011. 3 『광명문협』)

호박꽃

집 앞에 있는 도덕산의 하얀 운무에 갇힌 모습은 언제 봐도 아름답고 신비롭다. 여름신록은 바라볼수록 심신이 평안하고 기분이 맑고 상쾌하다. 산기슭에 양지바른 나지막한 언덕배기에 아침이슬을 함초롬히 머금고 호박꽃이 활짝 피었다. 어제 밤에 생명이 약동하는 초록세상으로 황금별이 떨어져 앙증맞게 호박꽃이 되었다.

호박꽃은 오랫동안 사랑 받아온 한국적인 정겨운 꽃이다. 삼천리금수강산 어디에서도 이 꽃이 피어있지 않는 마을은 없나. 호박꽃은 어머니의 온화한 미소와 고향의 순수하고 따뜻한 정을 품고 있다. 다소곳한 자태는 신실한 여인처럼 정갈하다. 세상에서 이처럼 아름다운 꽃을 어느 누가 호박꽃도 꽃이냐고 하는가.

베풀기를 좋아하는 호박꽃은 부지런한 꿀벌에게 아무 것도 묻지 않고 모든 것을 아낌없이 준다. 순진한 농부에게 환한 미소로 매일 아침마다 화답한다. 붉은 태양이 떠오르면 꽃잎들은 모두가 수줍게 눈을 감고 내일을 향해 희망을 꿈꾼다. 시원하고 넓은 호박잎 속에는 수많은 여린 벌레들의 아늑한 휴식처가 되어준다.

호박꽃은 어떤 척박한 환경 속에서도 불평하지 않고 아름다운 꽃잎을 활짝 피운다. 타인에게 먼저 손 내밀어 정을 베풀고 태양을 가려주며 쉴 그늘을 만들어 준다. 넝쿨손은 어디든 뻗어가서 남을 위해 따뜻하게 포용한다. 넉넉한 미소로 높은 곳을 향해서 오르기도 하고, 때로는 가장 낮은 곳에 처할지라도 감사할 줄 아는 겸손한 꽃이다.

이른 아침에 문득 어디선가 아름다운 종소리가 땡그랑땡그랑 은은하게 들려온다. 고향산천은 호박꽃이 울리는 종소리에 잠에서 깨어난다. 낮에는 해와 바람과 꽃과 새들이 노래하고, 밤에는 달과 별의 자장가 속에서 만물은 튼실하게 잘도 자란다. 만추에 울리는 호박꽃의 황금종소리에 온 들녘은 황금물결로 평화롭게 일렁인다.

호박꽃의 미덕(美德)처럼 이웃과 더불어 세상을 둥글게 살고 싶다. 호박꽃이 아무리 흔하고 하찮다 해도 세상에 이처럼 아름다운 꽃은 없으리라. 우리네도 누구나 귀하고 아름답지 않은 사람이 어디 있겠는가. 서로 사랑해야 할 소중하고 존귀한 존재인 것을. 내 인생의 추수 때가 돌아오면 고향들녘에 잘 익은 늙은 호박으로 남겨지고 싶다.

(2009. 9『광명문협』)

코스모스꽃

창밖에는 만산홍엽으로 물든 구름산에 가을이 다가왔다. 살짝 잡아당기면 맑은 물이 쏟아질 듯한 코발트빛 하늘은 코스모스 한들거리는 꽃길이 저절로 연상된다. 가을의 전령사인 이 꽃은 언제나 강한 생명력의 의지가 느껴지고 소녀 같은 청순한 아름다움에 가슴이 설렌다. 긴 목을 흔들며 웃고 서있는 모습은 누구에게나 무슨 말을 할 듯한 애틋한 여운을 남긴다.

가냘프고 연약해 보이는 코스모스를 창조주께서 세상에 피어나는 수많은 꽃 중에서 가장 처음 만든 꽃이라고 한다. 사전에는 국화과 식물에 순우리말로 '살살이 꽃'이라 부르고, 1910년 선교사에 의해 우리나라에 들여와 번식하였다. 원래는 2~3m 큰 키였는데 요즘에 기후조건과 품종개량으로 작은 코스모스가 계절을 앞질러 피어있어서 간혹 어색한 느낌이 든다.

코스모스의 꽃말은 소녀의 순정, 애정, 조화를 뜻하고, 아름다운 8개의 바깥쪽 꽃잎의 모습은 질서와 조화로움을 나타낸다. 코스모스(cosmos)는 우주를 말하고 질서 정연한 완전한 체계를 의미한다. 우리들 주변에 어디서나 피어있는 코스모스 꽃은 멕시코가 원산지이며 흰색, 노랑, 분홍, 자줏빛, 주황색으로 다양하며 끈질긴 생명력과 번식력이 매우 강하다.

꽃의 유래는 한마을에 병약한 부친과 소녀가 살았다. 아름다운 소녀는 나무꾼을 사랑했는데 부친이 돌아가시자 이웃에 사는 사냥꾼이 혼자 남은 소녀에게 결혼을 강요하였다. 그러자 소녀는 사랑하는 사람에 대한 정절을 지키려고 분홍 코스모스로 변해버렸다. 이에 소녀를 사랑했던 나무꾼도 흰 코스모스 꽃이 되었다는 연인들의 이루지 못한 안타까운 순정을 전한다.

가을바람에 한들거리는 코스모스를 바라보면 어릴 적 학창시절이 아늑하게 떠올라 가슴이 두근거린다. 그리운 옛 친구들의 고운 웃음소리가 꽃 속에서 은은하게 들려오는 듯 하고, 마음속에는 알 수 없는 그리움이 파도처럼 밀려온다. 생이별의 아픔으로 꿈속에도 간절한 혈육과 내 곁을 스쳐 지나간 수많은 인연들이 그리움의 꽃이 되어 나의 상념 속으로 다가온다.

옛날에 우리 집 장독대 주변에는 철따라 봉숭아꽃, 채송화꽃, 과꽃, 맨드라미꽃, 쪽두리꽃, 서광꽃, 등등 갖가지 예쁜 꽃들이 심어져 있었다. 귀뚜라미 울어대는 가을이 돌아오면 유독 꽃을 좋아하시던 엄마가 생각난다. 어린 나보다 키 큰 코스모스 꽃들이 초가집 둘레에 피어서 환하게 웃고 사열하였다. 아름다운 한 폭의 풍경은 지금까지도 잊지 못할 나의 꿈동산이다.

주변에 지인들은 키 크고 말라서 가냘프게 보이고 철없이 활짝 잘 웃는 내 모습이 코스모스를 닮았다고 자주 얘기한다. 그럴 때마다 부족하고 미욱한 나의 내면을 코스모스의 순정처럼 맑고 순수함으로 넉넉히 채우려고 노력한다. 코스모스는 여린 모습이 무색하도록 척박한 환경을 잘 이겨내고 어디서나 아름다운 꽃을 잘도 피워내는 인내의 결실을 더욱 사랑한다.

코스모스 꽃은 하나 둘씩 핀 것보다 연합하여 군락을 이루어야 더욱 아름다운 멋스러움이 물씬 풍긴다. 뜨거운 태양아래에 척박한 환경 속에서도 꿋꿋하게 잘 견뎌내었다가 고운 꽃을 피우는 모습에서 지칠 줄 모르는 강한 의지를 엿본다. 인생도 고난과 역경을 이겨낸 자의 삶이 더욱 아름답게 느껴지듯이 우리에게 가을이 더욱 아름다운 것은 이러한 이치가 아닐까 싶다.

온 우주는 이토록 작은 꽃의 귀한 생명을 피워내기 위해 얼마나 많은 수고와 정성을 쏟았던가. 세상에 모든 만물의 노고와 결실이 더욱 아름다운 시간에 나를 겸허하게 뒤돌아보게 한다. 가녀린 코스모스 꽃의 눈부시게 장한 모습처럼, 내게 주어진 삶에 최선을 다해서 향기 나는 아름다운 삶을 살아가야겠다. 주말에는 안양천변에 곱게 피어있는 코스모스 꽃길을 거닐며, 이토록 풍요롭고 아름다운 가을을 내게 허락하신 창조주께 감사의 노래를 한껏 부르리라.

(2009. 10. 17)

엄마야 강변 살자

한여름 무더위를 피해서 남편의 동창친구들 이십여 명과 함께 강원도 주천강으로 천렵을 떠났다. 지인들은 강에서 투망을 어깨에 둘러메고 수면 위로 동그라미를 그리며 힘차게 던졌다. 한편에서는 유리어항으로 물고기를 잡는 모습은 쳐다만 봐도 정겹고 즐거웠다. 팔딱거리며 잡혀 올라온 물고기들의 생명력 넘치는 몸부림은 가슴 짜릿한 흥분을 자아냈다.

어릴 적에 우리 집은 거대한 금강 상류의 강 주변에 자리하고 있었다. 강가에서 물고기들의 노는 모습을 바라보는 일은 눈만 뜨면 대하던 일상생활이었다. 객지에서 고향을 찾은 오빠들과 물고기를 잡는 재미는 아주 흥겨운 놀이 중에 하나였다. 강물이 줄어들면 물소리는 속삭이듯 졸졸거리며 평안을 주었지만 여름장마는 나에게 공포의 대상이었다.

고조부께서는 130여 년 전에 경남 사천에서 가족들을 인솔하여 전라도를 향해 길을 떠나셨다가 함양 할미산 산속에서 불행하게 운명하셨다. 고조모는 어린 아들과 장계에 도착하여 중동부락 거대한 강가 옆에 터전을 잡았다. 산기슭에 보금자리를 잡았더라면 후손들이 수마에 불행을 당하지 않았으련만, 간난의 가족사가 고향강가에서 시작되었다.

부유했던 우리 전답은 오랜 세월에 걸쳐서 모두 하천으로 휩쓸려갔다. 겨우 남은 땅을 개간했지만 해마다 야금야금 시라져 종래에는 손바닥만큼 남았다. 애써 지은 과수농작물은 수확을 눈앞에 두고 매년 쓸어갔고, 남은 것들은 셋이나 되는 오빠친구들의 과일서리가 밤마다 극성이었다. 장마 때마다 하늘을 향해 울부짖던 부모님의 모습은 숙명적인 한 그 자체였다.

어린 눈에 거대한 황톳물은 뱀처럼 소리 없이 다가와 모든 것을 한순간에 덮쳐버렸다. 언제나 강가에 작은 오두막마저도 삼켜버릴 위세로 위협하였다. 그저 바라만 봐도 공포가 엄습해 오는 두려움이었다. 불은 흔적이라도 남지만 물은 휩쓸고 지나간 자리에 아무것도 남기지 않고 참혹했다. 비가 그치면 늙은 아버지의 일과는 허물어진 밭에 높디높은 제방을 쌓는 것이었다.

누런 물줄기가 우리 땅을 후려칠 때마다 힘없이 뭉텅뭉텅 수마의 입 속으로 사라져 가던 악몽을 꿈속에서도 잊을 수가 없었다. 오랜 세월이 흘렀지만 천둥과 번개를 동반한 장대비가 쏟아지면, 장마에 대한 두려움은 여전히 나의 심사를 괴롭혔다. 반면 수면 위에 동글동글 잔잔한 물결을 남기며 소리 없이 내리는 봄비는 심령에 단비가 내리 듯 한없이 평안하였다.

강변에서 살아왔던 잊지 못할 추억의 편린들이 떠오른다. 장마가 그치고 거대한 황톳물이 며칠간 흐르고 나면 강물은 연한 코발트빛으로 맑게 변했다. 수정처럼 맑고 깨끗하게 흘러가는 시냇물은 바닥까지 훤하게 보였다. 투명하고 맑은 물속에는 피라미, 꺽지, 쉬리, 모래무지, 탱아사리, 빠가사리, 미꾸라지, 송사리, 장어 등등 수많은 민물 토종 어종들이 살아갔다.

장계천 제방 위에 서서 고요히 흐르는 강가를 바라보면 아득한 평온함이 어린 맘을 한없는 행복에 젖게 했다. 해질녘 서쪽 하늘은 석양에 붉게 물들고 수면은 하얀 은빛으로 보석처럼 반짝였다. 수면 위로 수많은 물고기들은 하얀 비늘을 눈부시게 반짝이며 튀어 올라 생명력 넘치는 사랑의 연가를 온 몸으로 부르곤 하였다.

강변 주변에 연한 푸른 수초사이에는 물위를 빠르게 걸어 다니는 소금쟁이와 톡톡 튀는 아주 작은 민물새우들이 떼를 지어 모여 살았다. 남자들은 냇가에서 낚시, 유리어항, 족대로 피라미, 쉬리, 미꾸리, 탱아사리 등을 잡았고 여자아이들은 수초 사이에서 새우, 다슬기(고동)를 잡았다. 맑은 물속에 바위나 모래 위를 새까만 다슬기가 배를 깔고 기어 다녔다.

다슬기새끼들은 제 어미가 빈 껍질로 둥둥 떠내려가면 이렇게 박수치며 외쳤단다. "와아, 우리 엄마 꽃가마 타고 시집간다."라고. 저희들이 어미를 모두 파먹고 하는 소리라고 언젠가 엄마가 웃으며 내게 말씀하셨다. 다슬기 새끼들은 정말 철없는 나쁜 녀석들이라 욕했는데, 내가 바로 엄마의 소중한 모든 것을 빼앗고 철없이 박수치던 녀석이었다는 걸 이제야 알았다.

물은 천지만물에 있어서 생명체의 근원이 된다. 어디든지 물이 있는 곳에는 생명이 존재한다. 우리에게 이렇게 소중한 맑고 깨끗했던 강들은 언제부터인지 사람들의 무절제와 오만으로 점점 신음하게 되었다. 인간이 자랑하는 과학문명의 이기는 공장폐수와 온갖 쓰레기들을 물속에 마구 버렸다. 오염된 물속에서 살아가던 수많은 생명체들이 멸종의 위기에 놓여갔다.

자연은 인간에게 가장 소중한 영혼의 안식처이다. 자연생태의 고통과 소멸은 바로 우리인간 자신이라는 사실을 절대 잊지 말아야한다. 천만다행으로 사람들의 의식이 점점 새로워져서 자연환경의 중요성과 물의 소중함을 실천해 가고 있다. 한강 주변을 흐르는 샛강들과 안양천도 친환경적으로 잘 조성되어 맑은 물이 흐르고 철새들이 먹이를 찾는 모습이 매우 평화롭다.

여름휴가철이 돌아오면 가장 가고 싶은 곳이 있다. 온갖 푸른 수초들이 무성하게 자라고 하늘빛을 품고 고요히 맑게 흐르는 강기슭이다. 흘러가는 물을 바라보고 있으면 온갖 욕망이 사라지고 마음이 한없이 평안하다. 세월의 강가에서 뒤돌아보면 물에 대한 나의 아린 추억들도 이제는 아름다운 노랫가락이 되어 고요히 흘러간다. (2007. 8. 1)

들꽃 향기처럼

가을 햇살이 눈부시도록 따사로운 오전나절에 아파트 현관문에서 벨소리가 "딩동!"하고 울린다. 이제 막 군대에서 제대하고 돌아와 있던 아들이 문을 향해 달려가더니 소리친다.

"엄마! 택배가 왔어요."

"그래. 어디서 왔니? 주방 쪽으로 좀 가져다주렴."

"예. 엄마의 고향에서 친구 분이 뭘 보내신 것 같은데 무척 무겁네요."라고 한다.

박스 속에는 S친구가 손수 가꾼 신선한 무공해채소와 농사지은 수확물들이 올망졸망 가득하다. 내게 종종 이러한 것들을 보내주는 그는 고향들녘에 피어난 들꽃향기처럼 순수한 어릴 적 친구이다. 친구내외의 정성을 대할 때마다 무소유를 설법하던 법정스님의 이런 글귀가 생각난다.

"사람이 하늘처럼 맑아 보일 때가 있다. 나는 그 사람에게 하늘 냄새를 맡는다. 사람한테 하늘 냄새를 맡아 본 적이 있는가. 스스로 하늘냄새를 지닌 사람만이 그런 냄새를 맡을 수 있다. 텃밭에서 이슬이 내려앉은 애호박을 보았을 때 친구한테 따서 보내고 싶은 그런 생각이다.

들길이나 산길을 거닐다 청초하게 피어 있는 들꽃과 마주쳤을 때 그 아름다움의 설렘을 친구에게 전하고 싶은 그런 경험은 없는가. 이런 마음을 지닌 사람은 멀리 떨어져 있어도 영혼의 그림자처럼 함께 할 수 있는 좋은 친구일 것이다. 좋은 친구는 인생에 가장 큰 보배이다."

고향의 향기는 친구의 순수한 마음을 통해서 철따라 내게로 항상 먼저 전해온다. 자신의 텃밭에서 막 뜯은 여린 호박잎, 깻잎, 상추, 고추, 호박과 옥수수, 각종 장아찌, 다양한 색상의 감자와 고구마 등등이다. 결실한 과일들도 튼실한 맛 좋은 것들만을 추려서 넣었다.

친구에게서 이런 온정을 대할 때마다 그리운 엄마의 사랑을 느낀다. 내 어릴 적에 일찍 떠나신 당신의 따뜻한 정이 늘 그립다. 친구는 항상 변함없는 우정으로 내게 용기를 실어주는 올곧은 친구이다. 고향에서 정성껏 보내온 소포를 염치없이 받고 그에게 얼른 전화를 하였다.

"에그. 이 친구야. 힘들게 농사지은 것을 뭘 이렇게 많이 보냈어. 정말 미안해서 어떡해."

"아녀. 별소리를 다허네. 괜찬햐. 값으로는 얼마 안되야. 수확하여 친구생각이 나서 한번 먹어보라고 보낸 것셔. 쪼끔씩 넣었응께 암 생각 말고 가족들과 맛있게 먹어 봐아잉."

몇 해 전에 친구는 장안산에서 산삼을 손수 몇 뿌리를 캤다. 군 입대 전에 연약해서 내 속을 애태웠던 나의 아들이 첫 휴가를 나오자, 아이에게 엄마고향으로 내려오라고 몇 차례 재촉하였다. 기어이 사랑의 큰 빚을 진 아들은 건강하게 군복무 마치고 돌아와서 복학을 준비하고 있다.

엊그제 또다시 친구가 보내온 상자 속에는 채소와 갓 캔 노란 고구마와 맑은 물에서 낚싯대로 어렵게 잡은 빠가사리 민물고기와 산에서 따온 도토리로 쑨 묵이 가득 들어있었다. 지난달에 갑자기 당뇨병을 앓은 남편의 몸에 좋다고 친구는 손수 정성껏 마련해서 나에게 보낸 것이다.

고향에서 친구가 보내준 재료들로 음식을 만들어 온 가족이 세상에서 가장 행복한 만찬을 즐겼다. 식사하는 내내 형용할 수 없는 흐뭇한 감동이 내 영혼에 넘치도록 채워졌다. 그가 베풀어준 우정으로 우리가족은 세상에서 가장 따뜻한 마음을 오래도록 느꼈다.

이러한 친구의 지극한 정성에 항상 가슴이 뭉클해지고 먹먹해진다. 그의 맑고 순수한 아름다운 우정에 나는 무엇으로 보답할꼬. 주위를 아무리 둘러봐도 내 보답은 언제나 보잘 것 없어서 부끄럽기만 하다. 세상에 무엇으로도 친구의 고운 우정에는 대신할 것이 없었다.

친구는 멀리 있어도 늘 곁에 있는 듯 나의 좋은 일은 자신의 일보다 더 기뻐한다. 힘겨운 일로 기도를 부탁하면 자신의 일처럼 가슴 아파하고 위로해 주는 믿음의 동역자이다. 친구를 생각할 때마다 명심보감 교우 편에 공자의 지란지교(芝蘭之交)가 마음에 떠오른다.

子曰 與善人居 如入芝蘭之室 久而不聞其香 卽與之化矣
與不善人居 如入鮑魚之肆 久而不聞其臭 亦與之化矣
丹之所藏者赤 漆之所藏者黑 是以 君子必愼其所與處者焉

선한 이와 있으면 지초와 난초의 방에 있는 것 같아서 오래되면 향기를 맡지 못하고 동화되기 때문이다. 선하지 못한 이와 있으면 절인 생선가게에 들어간 것과 같아서 오래되면 악취를 맡지 못함은 냄새에 동화되기 때문이다. 붉은 주사를 가지고 있으면 붉어지고 검은 옻을 가지고 있으면 검어지게 되니, 군자는 반드시 함께 있는 자를 삼가야 한다.

이러하듯 부모님이 묻히신 고향산천을 꿈에도 잊지 못하듯, 아무리 세월이 흐른다 해도 어찌 친구의 고운우정을 내 잊으리오. 오늘도 깊어가는 만추의 뜨락에서 나의 소중한 친구를 생각하며 한없는 행복에 젖는다. (2008. 10)

고수향이 그리워

고향을 떠오르게 하는 그리운 대상이 있다. 혈육에 이어서 동심의 꿈이 가득 서린 장계초등학교는 1918년에 개교하여 머잖아 100주년을 맞는다. 운동장에 위풍당당하게 서 있는 느티나무는 수백 년에 걸친 만고풍상을 굳건히 견뎌내고 고향을 지킨다. 넉넉한 품에서 청운의 꿈을 꾸던 수많은 어린 영혼들이 훗날에 어떤 모습으로 다시 찾아와도 변함없이 반긴다.

또한 고향의 탯말은 어릴 적에 소꿉친구와 이웃 간에 다정한 대화로 세상에서 가장 행복한 언어이다. 타향사람은 못 알아들어도 동향인은 무슨 말을 해도 서로 쉽게 알아듣는다. 삭막한 타향살이 속에서 상대방에게 고향 탯말을 듣노라면 마음으로 따뜻한 정감이 느껴진다.

탯말은 모태의 자궁 속에서 듣던 세상에서 가장 포근한 주파수와 같다는 생각을 한다. 엄마가 세상을 떠나신지 너무 오랜 세월

탓으로 그토록 정겨웠던 목소리가 기억나지 않아 안타깝다. 어릴 적에 고향을 잠시 떠났다가 돌아오면 정든 집을 향해서 한 달음에 달려간다.

"옴마!" 하고 힘껏 소리쳐 부르면 엄마가 싸리문을 열고 황급히 뛰어나오신다.

"워야! 내 강아지야. 인자 왔능가. 어여 들어와아잉!"

"우리옴마 보고 지퍼서 암대도 인 들리고 고짱 집으로 달려왔당개요."

"시상에나. 그랬구만잉. 어미도 내 새끼 월마나 보고자펐는지 눈 빠지는 줄 알어어야!"

"긍개 우짠지 내 새끼 볼라고 아침부터 감나무 위에서 까치가 울어 쌌었구만잉."

"여그, 따순 아랫목으로 후딱 내려앉아라. 집 떠나서 공부하느라 월마나 고생을 했다냐잉."

"아가, 배 고프지이야? 내 시방 정지로 가시 피뜩 불 지퍼 따순밥 챙겨 올께잉!"라는 그립고 다정한 엄마의 음성을 고향이웃들의 탯말을 통해서 어렴풋이 들을 수 있어 행복하다.

고향에는 '고수(coriander)'라는 지중해와 중동지역이 원산지인 향신채 나물이 있다. 무채에 섞어서 요리하거나 고기를 구워서 함께 곁들여서 먹으면 정말 맛있다. 아이에서 어른에 이르러 고수의 맛과 향을 모두 무척 좋아하는데, 타 지역사람들은 비릿하고 역겹다며 얼른 코를 내두른다. 우리 집에 자녀들도 고수를 무척 좋아하건만 남편은 전혀 못 먹는다.

고수향기 못지않게 암모니아향기가 코를 톡 쏘며 자극하는 홍탁, 삼합, 홍어무침이 있다. 홍어요리는 애경사에서 절대로 빠지지 않고 가장 즐긴다. 들판에서 뜯어온 고들빼기는 김치를 담그면 쌉쌀한 쓴맛이 입맛을 돋우게 한다. 이처럼 우리 고향사람들이 즐기는 특색 있는 음식문화 속에서 입맛유전인자가 같아서 서로를 더욱 사랑하는 행복한 이유가 되기도 한다.

의암 논개는 전북 장수군 장계면 대곡리 주촌마을 출신이다. 사람들은 대부분 기생으로 알고 있지만, 이는 일제식민사관에서 빚어진 역사왜곡으로 각종문헌과 고증을 통해서 확인되었다. 해주최씨 문중에서 1987년 발행한 일휴당실기(日休堂實記)에 최경회를 의미하는 '경상우병사증좌찬성최공시장(慶尙右兵使贈左贊成崔公諡狀)'에 논개 관련부분이 언급되었다.

且其副室 公死之日 盛服婆娑於江中巖石 誘賊長因而俱墜死 至今人稱義巖

'공이 죽던 날에 그의 부실이 좋은 옷을 입고 강가를 거닐다가, 바위로 적장을 유인해 끌어안고 죽어 사람들은 지금까지 의암이라고 부른다.' 이러한 기록을 근거로 의암부인 신안주씨 논개는 최경회 장군의 '부실(副室)'임이 밝혀졌다.

논개는 주촌 마을훈장 주갑술의 외동딸로 태어난다. 개해, 개

달, 개날, 개시의 뜻인 사갑술 띠를 타고나 '개를 놓다'는 경상도 방언으로 지어졌다. 부친을 일찍 여의고 모친과 살아가다 친척에 의해 억울한 일을 당했는데 최경회 장수현감이 누명을 벗겨준다. 이에 모녀는 현감부인의 병간호를 하다가 이를 인연으로 최경회와 17세에 혼인을 한다.

그 후에 최현감은 임진왜란으로 진주 병마절도사로 가면서 무주, 진안, 장수에서 오천 명의 의병을 모집하여 논개와 함께 진주성으로 갔다. 그러나 2차 진주성싸움에서 김시민 장군과 최경회 장군은 패하여 자결로 순국하고, 논개는 19세에 부군을 잃고 진주성에 홀로 남는다.

논개는 왜군의 승전축하연에 기생으로 분장하여 열손가락에 반지를 끼고서 게야무라 후미스케 왜장을 끌어안고 진주 남강으로 투신한다. "내가 왜장과 함께 물 위로 떠오르면 머리 위를 도리깨로 사정없이 쳐라"고 당부했다는 논개의 유언을 엄마는 자주 들려주셨다.

가슴 아프고 심장이 서늘해지는 그 얘기에 '나도 나라를 위해서 논개처럼 의롭게 행동할 수 있을까' 하고 어린 마음을 가다듬었다. 이러한 영향으로 고향이웃들은 대개 심성이 올곧고 선량하다. 내 성미도 주변에 불의한 일을 보면 울분을 참지 못하고 정의롭게 살려고 노력한다.

지금도 수많은 사람들의 발길이 논개 사당과 복원된 생가를 찾아 그녀의 장한 충절을 칭송하고 넋을 위로한다. 이러한 선인들의 충효와 정절이 살아서 숨 쉬고 있는 고향을 생각하면 매우 자랑스럽다. 고향을 찾아갈 때면 항상 가슴이 설레고 향긋한 고수향이 그리워진다. (2009. 4. 13)

논개를 아시나요

어릴 적부터 누군가 나에게 고향을 물어오면 습관처럼 상대방에게 이렇게 되물었다. "충절의 여인 의암 주논개를 아시나요?" 그러면 대개는 알고 있다고 하였다. 그러나 논개의 고향이 장수인 것을 아는 사람은 별로 적었다. 논개와 나의 고향은 전북 장수군 장계면 두메산골이다. 오래 전에는 아무리 상세하게 설명해도 대부분이 모른다고 했는데 지금은 다르다.

전라북도 동남쪽에 장수군이 있고 군청소재지는 장수이며 1읍 6면으로 장수읍(長水邑), 장계(長溪), 산서(山西), 번암(蟠岩), 계남(溪南), 계북(溪北面), 천천면(天川面)을 두었다. 생업은 농업, 축산업, 임업, 광업이 고루 발달하고 명승지로 덕유산, 백운산, 장안산, 장수향교, 논개사당, 의암사, 논개생가, 용추, 타루비, 논개비, 연사루, 운점사 등이 있다.

장계는 높은 산이 병풍처럼 둘러쳐진 산촌에서 드물게 사방 십리(4km) 분지 위에 25여 마을이 흩어져서 옹기종기 평화롭다. 해발 360m부터 동부에 깃대봉을 비롯해 1,000m급 고원산지에서 주로 사과, 축산업, 인삼, 양봉, 채소재배가 성하다. 맑은 햇살과 청정고랭지로 당도가 높은 '장수사과'와 청정사육으로 육질이 좋은 '장수한우'가 특산물로 생산된다.

장계동쪽은 소백산맥의 주능선 할미산 육십령을 넘으면 경남 거창과 함양, 서쪽은 진안과 전주로, 남쪽은 장수와 남원으로, 북쪽은 안성, 무주와 대전으로 접하는 교차로이다. 장계는 소위 무진장으로 불리는 전북 동부산간지대 교통·상업의 중심지로 최대 물자집산지이다.

장수군은 역사의 인물 중에 우국충절과 절개로 인품과 업적이 뛰어난 10인 선인을 선정했다. 2덕(二德), 3절(三絶), 5의(五儀)로 분류하여 선인의 연고지에 충절의 넋을 기린다. 지금도 고향에 선인들이 남기신 자취는 우리들의 가슴을 뜨겁게 적신다.

2덕(二德)은 정신재 백장선생과 방촌 황희정승으로 두 분은 장계에서 함께 유배생활로 교분을 두텁게 나눴다. 백장선생은 고려충신으로 태조와 태종의 출사어명을 끝내 고사하다 장계면 금덕리 호덕에 유배되어 여생을 보냈다. 선생은 생전에 '봉학의 아름다움과 천석의 수려함과 순박한 민심을 보고 자손들을 장계에 이주시켰다' 한다. 황희정승은 장수태생으로 장계면 월강리에서 유배생활을 했고, 가장 청렴한 관리의 표상으로 청백리 칭송을 받는다.

3절(三絶)은 첫째, 논개 충절로 임진왜란 때 게야무라 후미스케 왜장을 안고 진주남강에 몸을 던졌다. 둘째, 임진왜란 때 장수향교지기 정경손의기로 향교원형을 유일하게 보존했다. 셋째, 배리(陪吏) 백씨의 충의이다. 완산감영으로 가던 말이 길섶에서 날아오른 꿩에 놀라 현감을 태운 채 강물에 빠져죽었다. 자신의 불충을 한탄하며 따라 순절한 타루비(墮淚碑)주인공이다.

5의(五儀)는 을사보호조약에 분개하여 호남일대에서 수많은 의병을 일으킨 분들과 항일투쟁에 앞장서서 목숨을 바친 분들을 말한다. 전해산, 문태서, 박춘실 의병장과 한국불교지도자 백용성조사와 한글을 지키기 위해 평생을 바친 국어학자 정인승박사를 말한다.

장수군청에 장수현감과 논개가 심었다는 400년 된 의암송은 지금도 독야청청 푸르다. 한편에는 청백리 황희정승이 심은 450년 수령의 은행나무가 건재하다. 시대와 직위고하를 막론하고 일신의 탐욕에 빠져서 부정부패를 일삼는 관료들을 향해서 추상같이 호령하는 듯 하였다.

유구한 향토역사와 함께 '장수8경(長水八景)'이 전해온다. 첫째, 매산청풍(梅山淸風)은 계북 매계리 압곡에서 월현입구를 칭한다. 기암괴석과 천년송이 어우러진 울창한 매산을 매계천이 감돌아 흐른다. 풍옥대에 맑은 바람이 세연대에 스칠 때면 시객들이 모여 음풍농월을 즐겼다. 둘째, 노평낙안(盧坪落雁)은 장계면 삼봉리

노평들판에서 늦가을 낙조에 갈대꽃이 너울대고, 하늘을 날던 기러기 떼가 늪 언저리 갈대 섶으로 사뿐히 내려앉는다.

세 번째, 유천표모(柳川漂母)로 계남면 화양리 유천냇가 빨래터에서 들려오는 여인들의 방망이소리에 봄이 시작되었다. 네 번째, 용추만풍(龍湫晩風)은 장수읍 덕산리 고래용소 푸른 물에 단풍잎이 무지갯빛으로 영롱하게 물든다. 다섯 번째, 단평비폭(丹坪飛瀑)은 장수읍 용추동 단평계곡에 운무를 이루는 수포에 무지개가 일고 폭포수는 용트림을 한다.

여섯 번째, 송탄어적(松灘漁笛)은 천천면 춘송리 송탄 앞내 맑은 물에 낚싯대를 드리운 어부들이 한가롭게 피리 불며 물에 비친 하늘을 바라본다. 일곱 번째, 영산영월(靈山迎月)로 산서면 오산리 영대산 보름달을 오뫼에서 보면 신선이 달 속에 항아선녀를 맞이하는 절경이다. 여덟째, 반계은린(磻溪銀鱗)은 번암면 노단리 반계천에 해질녘 맑은 물위로 힘차게 뛰어오르는 은어 떼들이 노을에 반사되어 은빛 찬란하게 빛난다.

예로부터 장수는 고을마다 높은 산을 따라 굽이쳐 흐르는 수정 같은 맑은 물과 어우러져 천연의 비경이 많다. 고장을 대표하는 많은 향토유적지를 비롯하여, 지지리 계곡, 덕산용소, 토옥계곡, 와룡 자연휴양림, 방화동 휴가촌 등을 연 평균 30여만 명의 관광객들이 찾는다.

어릴 적부터 엄마 품에서 수없이 들었던 논개의 죽음을 불사한 애국충절을 지금도 가슴 속에 새기고 있다. 내 고향은 선열들의 충절이 살아서 숨 쉬고 있기에 자랑스럽다. 선인들의 얼을 이어받은 고향 이웃들은 의롭고 선량하여 마을에 효자 효부가 많아 칭송을 받는다.

서동방천 둑을 따라 흐르는 장계천은 강물이 합수하여 폭이 넓고 거대한 물줄기를 이루며 흘렀었다. 시방은 대곡리에 생긴 큰 댐으로 하천에 토사가 쌓여 물줄기가 힘겹게 흐른다. 또한 높은 산들도 자연 침해현상으로 산사태가 자주 생겨서 속절없는 세월 앞에 안쓰럽다.

고향마을에 부모님의 연배 어르신네들도 하나 둘 세상을 뜨셔서 이젠 보이지 않는다. 부친이 살아계시면 일백세로 사대의 자손을 맞는 세월이 흘러갔다. 이제는 변모해버린 고향에서 옛 추억의 흔적들을 찾기가 매우 어렵고 이방인처럼 느껴질 때가 가끔 있다.

그렇지만 고향은 시대에 맞게 점차 새로워져야 하고 풍요롭게 잘 살아야 하기에 고향 특산물의 활로가 더욱 활기차면 좋겠다. 오늘도 사랑하는 고향에 무엇으로 보탬이 될까하고 주변을 살펴본다. 고향은 자꾸만 변해갈지라도 선인들의 아름다운 충절과 내 마음속에 간직한 고향의 옛 추억들은 영원히 변하지 않을 것이다. 고향은 그리운 어머니의 품처럼 언제나 포근하다.

(2009. 4)

고향은 지척에 있었네

고향 친구들을 아직도 해후하지 못하고 살아갔더라면 꿈에도 그리운 내 고향은 마음에서 천리보다 더 먼 곳에 있었으리라. 어릴 적 고향을 떠난 후에 혈육도 남아있지 않고, 그리운 친구들의 소식을 알지 못하는 고향은 항상 슬픔이었다. 이런저런 이유로 수십 년을 고향에 찾아갈 엄두를 못 내다가 가슴 설레는 기쁨으로 다시 찾게 되었다.

올봄에 서울에서 열렸던 동창회에서 만났던 친구가 서울에서 고향을 갈 수 있는 길이 있다는 걸 자세히 알려줬다. 서울남부버스터미널에서 고향 가는 노선이 하루 4번 있고, 불과 3시간 남짓 정도 걸린다는 사실에 놀라웠다. 세상에나 엎어지면 코 닿을 듯이 가까운 고향을 지척에 두고서 수십 년을 넘도록 그토록 마음을 애태웠단 말인가.

해마다 고향에서 광복절에 동창모임을 갖는다는 소식을 듣고 처음으로 참석하기로 마음먹었다. 아침 일찍 고속버스를 타고 고향으로 내려갔더니 무더위에 아랑곳하지 않고 그리운 친구가 마중을 나왔다. 고향에서 날 기다려 주는 친구가 있다는 사실은 마냥 행복했다. 세월은 무심하게도 내 모습뿐만 아니라 정겨웠던 고향마저도 몰라보게 변모시켜 놓았다.

옛날에 모교 장계초등학교는 수천 명의 동심이 뛰어 놀았던 꿈동산이었다. 예전에 학교건물들은 사라지고 아담한 현대건물이 새로 지어져 있었다. 추억 속에 학교 목조건물 앞에는 곧게 자란 두 그루의 전나무와 달걀귀신과 목 없는 귀신이 나온다던 긴 화장실이 있었다. 가을날에 운동장에서 만국기를 휘날리며 전교생이 운동회를 할 때는 고향은 온통 축제분위기였다.

느티나무 옆에 깊은 물웅덩이와 졸업식을 치룬 강당과 뒤뜰에 학교관사와 꽃나무들과 남새를 심었던 텃밭이 있었다. 그리운 친구들과 즐겁게 뛰어 놀았던 운동장과 학교 구석구석에는 수많은 추억들이 남아있었다. 어릴 적 시야로 보았던 학교는 무척이나 넓고 컸었는데, 어른이 되어 이제 다시 바라보니 몹시 작고 좁아 안쓰러운 느낌마저 들었다.

오랜 세월 속에서도 변함없이 고향을 지키는 느티나무가 여전히 건재했다. 수많은 추억들을 가슴에 간직한 채 위풍당당한 품을 벌려 반겨주었다. 가슴이 뭉클하여 뛰어가 나의 오랜 친구를 어루만지며 기쁜 만남에 화답하였다. 충헌탑 앞에는 아직도 갖가지의 동물상들이 서로 자태를 뽐내며 있었고, 허리 굽은 늙은 노송 두 그루가 옛 모습 그대로였다.

장계교 밑에는 거지들이 많이 살았었는데 지금은 깨끗하였다. 맑고 힘차게 흐르던 하천은 토사가 잔뜩 쌓여 힘겹게 흘렀다. 5일장을 맞은 장터에는 지붕까지 덮여 있는 현대식 건물로 말끔하게 단장되었다. 옛날엔 여름 한낮에도 수많은 인파의 물결로 붐볐건만 지금은 상권이 활발하지 않았다. 고향의 농촌인구감소와 대형마트들이 여러 곳에 있는 이유인가 싶었다.

고향사람들의 생활수준도 현대식 주택에 편리하고 좋은 문화적인 혜택을 맘껏 누리고 있었다. 문득 생소하게 변해있는 거리와 건물들을 바라보며 현대문명에 고향을 몽땅 빼앗겨 버린 허전함이 들었다. 지금도 꿈속에는 해질녘에 마을마다 노란 초가집 굴뚝에서 하얀 연기가 몽글몽글 피워 오르고, 온 가족이 가난했지만 오순도순 정겹게 살았던 고향집에 머문다.

옛날에 남새전에서 학교를 다녀오면 종종 모래밭에 심었던 채소들을 뽑아다가 엄마 곁에서 쪼그리고 앉아서 팔았다. 약을 뿌리지 않아 유난히 벌레가 잔뜩 먹었던 채소묶음 다발이 뜨거운 햇살에 시들어가던 안타까움이 떠올랐다. 시장 둑 위에 남새 전에는 꿈에도 언제나 그리운 엄마의 다정한 모습과 단발머리의 어린 소녀가 방긋이 미소 짓고 앉아 있는 것 같았다.

시장 옆에 새로 놓은 다리를 건너 천변을 따라 오랜 세월동안 끊겨 있다가 이어진 서동제방 둑을 걸었다. 끊겨져 있던 둑 끝에는 지금은 흔적도 없이 사라진 어린 시절을 행복하게 보낸 추억의 그리운 집이 있었다. 예전에는 학교를 오고가던 길이 멀다고 느꼈었는데 그리 멀지가 않았다. 그 옛날 어려운 형편에 청운의 꿈을 안고 어둑어둑한 밤길을 오가던 정든 길이다.

어둠 속에서 하얗게 빛나던 하천과 높은 산들이 어린 내게 무서움으로 엄습해오면 집을 향해 엄마를 외쳐 불렀다. 그러면 “워야. 내 새끼야! 엄마 여기 있다. 어여 오너라.” 하는 다정한 목소리가 산을 울리며 천군만마처럼 내게 들려오곤 했었다. 산천은 여전히 변함없는데 사랑하는 가족들만 내 곁에 없다. 그리운 엄마를 입속으로 수차례 불러보다 목이 메고 말았다.

문득 과수밭에서 수확한 과일들을 지게에 지고 장터를 향해 걸어가던 늙으신 아버지가 떠올랐다. 채소 광주리를 머리에 이고 장터로 빠르게 걸어가던 엄마의 발자국이 나를 반기는 듯 하였다. 객지에서 고향집을 찾던 형제들의 기쁜 발자국 흔적들도 느껴졌다. 오랜 세월 속에 고향은 몰라보게 변모했어도 제방둑길은 옛 모습 그대로 추억을 말해주는 듯 했다.

친구네 농장에서 예쁜 꽃사슴과 가축들을 살펴보다가 어릴 적 시절이 떠올랐다. 학교를 다녀오면 부모님의 일손을 덜어드리려고 꼴망태를 메고 흑견 복구와 들판으로 뛰어 나갔다. 나는 손에서 낫 놀림이 빨라 금방 꼴망태에 꼴을 가득 채워 어깨에 메고 집으로 돌아오곤 했다. 가족 같았던 가축들에게 신선한 풀을 먹이는 일은 어린 나의 큰 즐거움이었다.

오후에는 동창들과 따뜻한 우정을 함께 나누고 아쉬움 속에서 헤어졌다. 동창회장은 정성껏 달인 녹혈을 쌍화탕에 넣어서 모든 친구들에게 권한다. 고향을 찾아온 친구들이 돌아갈 때에 피로하지 않도록 해마다 변함없는 사랑을 베푸는 우정에 진한감동을 받았다. 이렇게 아름다운 우정이 함께 하는 고향은 언제나 기쁨으로 찾아갈 수 있는 영원한 나의 안식처가 되리라.(2006. 8)

인정이 강처럼 흐르는 전주

고향에서 전주를 가려면 높은 산꼭대기를 팽이처럼 뱅글뱅글 돌아서 험한 곰팃재와 모래재를 가슴조이며 넘었다. 전주는 나의 학창시절을 추억하는 곳으로 장계에서 두어 시간 남짓 걸렸었는데, 지금은 고속도로가 생겨서 30분 정도 걸린다. 주말에 군복무 중이었던 아들이 첫 휴가를 나와서 함께 전주로 내려가 팔순노모를 모시고 덕진공원을 찾아갔다.

서예가 강암 송성용 선생의 휘호로 새겨진 연지문을 지나서 전북문단에서 노모와 교분이 두터웠던 신석정 시인의 동상 앞에서 기념사진을 찍었다. 연못에서 장관을 이루던 연꽃은 7월에 모두 피었다가 진지 오래인데, 신기하게도 연잎에서 은은한 향기가 계속 풍겼다. 문득 젊은 시절에 남편과 데이트하며 연못가를 거닐었던 옛 추억들이 곳곳에서 아련히 떠올랐다.

이튿날 전주 J고교 동창들과 30주년기념행사에 참석한 남편일행과 전주문화투어에 합류를 하였다. 전주시가 문화컨텐츠로 내세운 역사의 유적 관람과 전통한옥마을은 매우 인상적이었다. 정겨운 옛 추억들이 깃든 오목대, 이목대, 한벽루 등을 둘러봤다. 수백 년 된 노목들이 울창하게 우거진 '경기전'에는 사고(史庫)를 보관했으며 오래전에 마지막 황녀가 살았었다.

전주문화투어가 즐거웠던 이유는 집집마다 뒷문을 통해 편리하게 이어졌다. 한지박물관에서 형형색색의 한지를 보면서 조상들의 뛰어난 지혜와 멋스러움에 다시금 놀라웠다. 종이로 만든 수의와 여러 형태의 한지공예와 태극무늬부채 '합죽선'은 몹시 아름다워서 자리를 뜨지 못했다. 남편은 한지로 만든 귀엽고 예쁜 머리핀을 내게 은혼 기념선물로 사줬다.

'술 전통박물관'에서 쌀과 누룩으로 향기롭게 빚은 전통주 '이강주'를 맛보면서 계영배(戒盈杯)를 처음으로 보았다. '넘침을 경계하는 잔'으로 술을 부으면 잔의 70%만 남고 흘러내렸다. 이는 인간의 끝없는 욕심을 경계하는 상징적 의미를 지녔다. 조선시대 도공 우명옥이 만든 것을 거상 임상옥이 항상 곁에 두고 끝없이 솟구치는 과욕을 다스려서 큰 재산을 모았다.

전주성곽 현판을 풍남문(豊南門)이라고 한 까닭은 한고조 유방의 고향이 풍현이고, 장수로 이름을 떨친 곳이 패현이라는 유래에서 이성계가 전주를 '풍패지향'으로 불렀다고 전한다. 조경단, 하마비, 신삼문, 홍살문 등의 남겨진 문화재에서 역사의 숨결이 베여 있는 듯하였다. 오목대 아래에 교동의 한옥마을을 방문하여 전통가옥의 멋과 매력에 빠져들었다.

전주는 순하고 넉넉한 모학산(794m) 품안에 살포시 안겨있었다. 모악산 '엄바위'에서 흘러내린 젖줄기는 만경강과 동진강으로 흘러가서 김제와 만경 평야를 풍족하게 적셔준다. 모학산은 미륵신앙의 종조 진표율사가 입산하여 입적한 곳이다. 동학농민전쟁의 패배로 무참하게 좌절된 농민들의 황폐한 정신에 '후친개벽'의 사상을 심어 준 증산교의 본산이다.

오늘날에도 인심이 후덕한 전주는 '온 백성이 더불어 잘사는 세상'의 개혁을 꿈꾸었던 정여립 장군과 민초들을 위한 전봉준 녹두장군과 개벽신앙의 증여산 같은 선구자들의 영원한 고향이기도 하다. 만약 시대를 앞서가는 혁신적인 이들의 개혁이 성공을 했다면, 우리 현대사는 일본의 침략은커녕 그들을 훨씬 앞장섰으리라는 안타깝고 아쉬운 긴 여운을 남겼다.

예향의 도시 전주는 인간사 한을 노래 가락에 풀어내던 남도칭 명창소리꾼들의 산실이며, 한국문단의 유서 깊은 문인들의 숨결이 숨 쉬고 있는 멋과 풍류가 흐른다. 옛날에 전주천변에는 소리꾼들의 구성진 창을 듣기위해 항상 인산인해를 이루었다고 한다. 문득 어릴 적에 고향하천 가설무대 앞에 앉아 수많은 인파 속에서 판소리 삼매경에 빠졌던 일이 떠올랐다.

전주향교는 지방에서 가장 오래 된 대성전과 명륜당 동재 서재의 구조로 되었다. 대성전 앞뜰의 삼강오륜나무줄기가 3, 5개로 이루어져 이채로웠다. 오백년 수령의 은행나무들이 금빛 찬란한 금관을 쓰고 열매를 주렁주렁 달고 있어 장관이었다. 전북의 인재들을 길러내던 명륜당에서 선비들의 글 읽는 소리가 청명한 가을하늘가에 우렁차게 들려오는 듯하였다.

실버들 늘어진 한벽루 아래 전주천에 쉬리가 돌아와서 노닐고 있었다. 남편은 어릴 적에 형들과 미역을 감으며 물고기를 잡았다고 자주 얘기한다. 몇 해 전 휴가철에 한벽당 주변 남양집에서 가족들과 얼큰하게 끓인 *오모가리탕을 맛있게 먹었다. 노모께서 들려주시던 옛 전주천변에는 삶은 옷가지를 빨래하던 표모들이 즐비했었다고 한다. 그녀들의 끊임없는 수다와 빨래방망이 소리가 들려오는 듯한데 모두 어디로 갔을까.

예로부터 전주의 수려한 풍경을 '전주팔경(全州八景)'이라 일컬었다. 제1경, 동쪽 기린봉에서 떠오르는 기린토월(麒麟吐月), 2경, 전주천 한벽당의 풍정을 한벽청연(寒碧晴煙), 3경, 남고산의 저녁 노을을 헤치고 울려오는 남고모종(南固暮鍾), 4경, 전주천에 빨래하는 풍경으로 남천표모(南川漂母), 5경, 덕진 연못의 연꽃 꺾는 덕진채련(德津採蓮), 6경, 위봉사아래 폭포를 일러 위봉폭포(威鳳瀑布), 7경, 전주천에 기러기 떼를 비비낙안(飛飛落雁), 8경, 고산과 봉동 냇물에 낚싯배 오르내리는 동포귀범(東浦歸帆)을 말한다.

이처럼 전주의 아름다운 풍경에 못지않게 맛으로 느끼는 '전주팔미(全州八味)'가 있다. 8월에 먹는 감으로 서당골 파라시, 기린봉 열무, 오목대 청포묵, 소양 담배, 전주천 모래무지, 삼례 한냇게, 사정골 콩나물, 서원너머 화산동 미나리의 감칠맛을 전한다.

요즘은 '전주(新)팔미'로 전주비빔밥, 전주콩나물국밥, 한정식(백반), 영양돌솥밥, 화심순두부찌개, 감자탕, 칼국수, 순대국밥을 말한다. 또한 '전주(新)팔경'으로 한옥마을, 덕진공원, 경기전, 전동성당, 월드컵경기장, 풍남문, 동물원, 객사를 손꼽는다.

전주문화투어를 마치고 일행과 벌떼가 왱왱거리는 뜻의 왱이콩나물국밥집을 갔다. 국밥에 새우젓과 양념 다데기로 간을 하고, 쌍란후라이와 오징어젓갈과 배추김치를 손으로 쭉쭉 찢어 얹어 맛있게 먹었다. '전주콩나물국밥' 맛의 비결은 쥐눈이콩과 전주의 물맛이라 한다.

이밖에도 전주를 대표하는 '전주비빔밥'은 '평양냉면' '개성탕면'과 조선 3대음식이다. 이중에서 맛의 으뜸인 전주비빔밥은 주재료와 계절에 따라 달라지는 부재료를 포함한 30여 종류가 정성껏 들어간다. 집에서도 철따라 신선한 야채로 비빔밥을 푸짐하게 자주 만들어 먹는다.

앞으로 지역경제의 힘찬 소생과 한국적인 전통의 맥을 이어가는 고풍스런 멋진 전주가 되었으면 한다. 전주는 여인네들의 음식솜씨가 뛰어나서 어디서 무슨 음식을 먹어도 정갈하며 맛깔스럽다. 또한 사람들은 선량하고 정이 깊어 겪을수록 변함없는 진

국물이다. 그래서 언제나 따뜻한 인정이 강처럼 흐르는 전주를 향해서 내 마음은 달려간다.

즐거웠던 전주문화투어를 마치고 서울을 향해 돌아오는 길목에 버스는 '호남제일문(湖南第一門)'을 통과하고 있었다. 문득 전주에 사는 고향친구의 장난기어린 목소리가 귓가에 정겹게 들려오는 듯 하였다. "아 글씨, 전주 사람덜 순허다고 시퍼보지마. 글다가 참말로 큰 코 다쳐부러. 긍개로, 얼매나 아긋똥허고 찰방지며 아금박시런디가 있는디." (2006.9)

*오모가리탕: 사람의 수에 따라 크고 작은 뚝배기에 메기, 쏘가리, 피라미, 동자개(빠가사리), 민물 잡고기와 푸성귀와 양념을 넣어 얼큰하고 담백하게 끓여낸 매운탕을 말한다. '오모가리'는 뚝배기란 전주의 사투리이다.

제비꽃아 어떻게 살아왔니

아지랑이 아롱아롱 피어오르는 봄이 오면 고향에서 어릴 적 뛰어놀던 소꿉친구들이 그립다. 예배를 마치고 집을 향해 걷는데 시멘트 틈새에서 곱게 꽃을 피운 보랏빛 제비꽃을 보았다. 주변을 아무리 살펴봐도 열악한 환경에서 의젓한 모습은 내 심령에 신선한 충격을 주었다.

하찮은 풀 한 포기의 성장을 위해서 항상 보살피시는 창조주의 사랑을 느꼈다. 햇살에 피어 있는 제비꽃을 바라보면서 내 살아온 삶이 부끄럽지 않았는지 뒤돌아보았다. 지난 세월들 속에서 나를 여기까지 인도하고 동행해 주신 주님의 충만한 은혜와 사랑에 깊은 감사를 드렸다.

가던 길을 멈추고 가만히 제비꽃에게 물어 보았다. '애야, 그토록 혹독했던 겨울을 어떻게 보내고 이처럼 아름다운 꽃을 피웠니?' '예. 저는 항상 주님의 은혜에 감사하여 이제껏 최선을 다해

왔어요.'라는 제비꽃의 외침이 향긋한 향기와 함께 전해오는 듯 하였다. 집에 돌아오자 얼마 전에 약 40년 만에 만났던 그리운 고향친구에게 편지를 쓰게 되었다.

친구여. 우리 어머니는 살아생전에 당신의 파란만장했던 여정을 소설책으로 쓴다면 수십 권은 될 거라고 늘 입버릇처럼 말씀하셨다. 우리의 부모님이 곧 역사이셨는데 이제는 지천명을 맞는 우리가 바로 그 주인공이 되었구나. 우리들을 일컬어 베이비 붐 세대, 일명 386세대, 7080세대로 현재 이시대의 중추를 담당하는 비중 있는 역할을 맡아간다.

부모님의 시절에는 일제강점기에 불렀던 아리랑의 피맺힌 절규가 있었고, 민족상잔의 고통스러웠던 사상적 이념대결을 태백산맥이 말해준다. 백두대간이 동족의 붉은 선혈로 온통 물들었던 통한의 역사였다. 그 이후에 태어난 우리들의 어린 시절은 전쟁 후 가난과 배고픔으로 힘겨웠다. 사춘기 이후에는 사상과 이념의 극을 향해 치달아 가던 냉전의 한강시대였다.

군부독재자들의 핍박아래 우리들의 소망은 오직 사람답게 살기 위한 민주화를 갈망했었다. 결국은 군부독재자들의 군홧발 횡포 아래에서 숨져간 민주열사들과 광주 민주화운동은 영원히 잊을 수 없는 슬픈 역사가 되었다. 천하보다도 고귀한 생명들을 대신한 피의 삯은, 우울하고 고통스러웠던 어둠의 시절에서 진정한 민주주의 토대를 다지는 밑거름의 초석이 되었다.

그러나 시대적 어려움 속에서 무엇보다도 힘들었던 것은 사회 전반에 걸쳐서 존재했던 지역감정이라는 큰 아픔이었다. 독재자들의 시대적 모순과 지배세력의 편견에 편승한 사회분위기는 특정지역을 역사의 희생양으로 몰았다. 허나 이 지역사람들은 심성이 곱고 후덕하고 의로웠다. 아울러 풍류의 멋을 가슴으로 느낄 줄 알고 마음속에 따뜻한 정애가 넘치는 사람들이다.

일찍이 민초들을 위한 개혁의식이 깨어난 정여립장군, 진봉준장군, 김개남, 전해산, 문태서, 박춘실 등의 수많은 의병장들의 혁신적 선구자들이 많았다. 국난을 겪을 때마다 외세에 대항하여 가장 많은 의병을 배출하여 항쟁에 앞장서서 나라를 위해 목숨을 바쳤다. 그런데 독재세력에 의해서 사회의 각 분야에서 ㅇㅇㅇ 지역출신들을 소외시키고 지역발전이 점점 쇠퇴해 갔다.

이러한 안타까운 사연은 사회생활을 하는 직장인으로써 직업을 선택할 때와 생활 속에서 지역편견의 살벌함과 고통은 상상을 초월했다. 가족과 고향 이웃들이 겪어내야 했던 비애가 거의 절규에 가까웠다는 것을 겪어보지 않고 어찌 심정을 이해할 수 있으랴. 사회 곳곳에서 제아무리 능력이 뛰어난 사람일지라도 이곳 출신자라는 이유만으로 소용없는 한계였다.

20여 년 전에 결혼하여 어렵게 지내오다가 처음으로 집 장만을 하게 되었다. 이때 이사 간 서민아파트에서 평소에 따랐던 이웃 형님과 대화를 하던 중에 그만 소스라치게 놀랐다.

"동생, 이웃 동네에 동 대표 여자 있잖아? 그 여자는 주는 것 없이 정말이지 얄밉다."

"왜요. 그녀는 항상 예의바르고 무슨 일이든지 열성이면서 경우가 밝은 사람이던데요?"

"똑똑하고 잘나면 뭐해. 그 여자는 OOO지역출신이라 더 밥맛이야."라고 하는 것이었다.

"아니, 형님. 세상에 그런 말도 안 되는 이유가 어디 있어요? 아시다시피 저도 OOO여자인걸요." 그랬더니 "자네는 그래도 착하고 순진해서 괜찮아."라고 했지만, 끝내는 잘못도 하지 안했는데 이웃들을 선동하여 잠시 나를 소외시켰었다. 그녀는 몇 년 후에 이사를 하면서 자신의 잘못된 편협에 대해서 내게 찾아와서 진심으로 용서를 구하였다.

동향인들은 단지 특정지역에서 태어났다는 이유만으로 원죄가 되어, 우리사회 전반에 걸쳐서 부당하고 억울한 취급을 겪어야 했다. 그리할지라도 누군가 내게 고향을 물어 올 때마다, OOO 출신이라는 사실에 항상 자긍심을 잃지 않고 당당하게 말하였다. 이것은 내 자신이 세상을 더욱 올곧고 바른 의식 속에서 열심히 살아갈 수 있도록 오히려 이끌어준 계기가 되었다.

그러나 끝내는 타향에서 취직하여 살아가기 위해서 출신지차별을 피해 자신의 탯줄을 묻었던 본적을 다른 지역으로 안타깝게 옮겨야 했었다. 감당하기 힘들었던 마음의 상처를 끌어안고 새벽미명에 날마다 주님께 눈물로 드렸던 나의 기도였다. 새 시대를 맞이하는 신세대 자녀들에게는 지역감정이 없는 좋은 사회에서 희망을 노래 부를 수 있기를 간절히 염원하였다.

허나 민주화를 이룩한 지금도 선거철이 돌아오면 일부 몰지각한 사람들이 간혹 있다. 이들이 무책임하게 색깔론을 덧씌운 지역감정을 부추기는 언행을 할 때에는 마음이 몹시도 아프고 슬프다. 앞으로 우리사회에 특정지역을 소외시키는 망국적인 시역편하는 영원히 이 땅에서 사라져야 한다. 머잖아 통일을 맞이하는 우리민족에게 가장 큰 걸림돌이 될 것이기 때문이다.

고향 친구도 타향에서 이러한 지역적 출생에 의한 원죄의 서러움을 겪어 왔을 거라는 생각에 마음 아팠다. 험한 세파 속에서 이제껏 너를 굳건하게 지켰던 지난 시간들이 참으로 장하구나. 오늘 아스팔트길가에 아름답게 피어있던 제비꽃에게 물어본 말을 친구에게 다시금 물어본다네. '사랑하는 나의 친구여. 그 매섭고 추웠던 겨울을 어떻게 견디면서 여기까지 살아왔니?' (2006. 6)

구름산 연가

도덕산 기슭에 있는 집 거실에서 창밖을 바라보면 남쪽으로 손에 잡힐 듯 구름산이 보인다. 봄에 진달래꽃으로 만발하는 앞산 가림산과 뒤편에 도덕산이 있다. 공직에 있는 남편의 발령지를 따라서 어린 딸을 등에 업고 낯설고 물선 광명시(光明市)를 찾아왔다. 지금까지 약 30년 동안을 광명 구름산에서 불렀던 연가의 편린들이 생생하게 떠오른다.

광명시 철산동 목감천변에 코스모스꽃이 피었던 나의 가난한 초가을에 아들이 태어났다. 연고가 전혀 없는 타향살이의 외로움으로 몸과 맘이 병약해졌다. 다행히도 충만한 영적인 믿음생활의 봉사활동과 배드민턴운동으로 회복을 하였다. 하지만 고향과 혈육이 그리울 때마다 집 주변에 있었던 구름산에서 고향의 포근한 향취를 느꼈다.

구름산에 정겨운 오솔길과 아기자기한 풍경은 그리운 고향을 그대로 옮겨다 놓은 듯하였다. 고향을 떠나 수십 년을 만나지 못한 친구들을 향한 그리움이 젖어들 때는 가슴을 설레며 그곳 숲으로 달려갔다. 사계절이 변화하는 자연의 모습과 떡갈나무 숲속에 옹달샘에서 예쁜 다람쥐가 물을 먹는 모습은 꿈을 꾸듯이 잊혀지지 않는 감동이었다.

봄에는 진달래꽃이 온 산을 붉게 수놓고 점점 산등성이를 푸른 융단으로 온통 깔아 놓았다. 오월이 오면 숲 속에 가득 피어 있는 아카시아 꽃향기가 집안까지 그윽하게 풍겼다. 산속에 오솔길과 바위산을 걷노라면 수많은 인생항로를 걷는 듯하였다. 삭막한 겨울 산의 풍경 속에서는 장엄한 자연의 이치와 겸손과 인내를 가르쳐 주었다.

구름산(雲山, 237m)은 아방리(阿方里)에 소재해서 '아방봉'과 '아방산'이라 하였고, 조선후기에 구름 속까지 산이 솟았다고 구름산이라 불렀다. 광명보건소입구에서 숲 속으로 오솔길을 따라가다가 돌산전망대를 거쳐서 가리대쉼터와 산불감시탑과 명상의 숲을 지나면 '운산정(雲山亭)' 정상이다. 남쪽으로는 능고개를 지나 가학산과 서독산으로 이어진다.

광명은 서울에서 가장 근접하여 구로, 가리봉 등 옛 공단주변의 회색빛 전경을 떠오르게 한다. 현재는 광명, 철산, 하안, 소하 역세권 아파트대단지와 각종 문화·체육시설을 자랑하며 생활환경과 교통이 편리하고 공기가 맑아서 살기에 쾌적하다.

광명시는 문화의 도시이다. 스물아홉의 짧은 생을 살다간 기형도 시인의 고향으로 어린 시절을 구름산과 안양천주변 소하동에서 보냈다. 광명실내체육관에 시인의 「엄마걱정」 시비(詩碑)가 서 있다.

> "열무 삼십 단을 이고/ 시장에 간 우리 엄마/ 안 오시네, 해는 시든지 오래/ 나는 찬밥처럼 방에 담겨/ 아무리 천천히 숙제를 해도/ 엄마는 안 오시네…(중략)

가난했던 어린 시절을 그의 시에서 추억하며 그리운 엄마생각에 마음이 늘 애잔하다. 시인은 당시에 삭막한 공단주변에 구름산 오솔길을 걸으며 시상을 가다듬었으리라. 숲 속을 두세 시간 등반하고 나면 자연의 생동감 넘치는 에너지가 심신에 충만하게 채워진다.

도덕산(198m)은 산세가 수월하여 산책길로 적합하며, 백제보루로 추정되는 흔적이 남아있다. 옛사람들이 도(道)와 덕(德)에 대한 의견을 자주 나누었다고 '도덕산(道德山)'이라 한다. 철산배수지 앞에서 완만한 능선을 걸어가면 석회폐광 동굴이 나오고 조금만 오르면 정상이다. 서쪽산기슭에 넓게 펼쳐진 전원 한편에는 멋진 은빛 광명돔경륜장이 보인다.

정초 첫 주말에 남편과 함께 구름산 서쪽기슭 양지바른 곳에 소현세자빈의 묘소 '영회원'을 찾았다. 민회빈, 강빈은 병자호란 때에 소현세자와 청나라에 볼모로 잡혀갔을 때 진취적인 기상과 지혜로운 처신으로 조선의 입장을 대변한 인물이었다. 이들은 당시에 조선과 청의 대립 속에서 조선의 새로운 변화에 큰 관심을 갖고 중요한 외교적 활동을 펼쳤다.

소현세자는 천주교와 서양과학기술을 받아들여 시대를 앞서가는 개방주의자로, 민회빈은 인질생활에서 대규모 영농과 국제무역을 주도하는 경영수완을 발휘했다.

그러나 소현세자는 인질 9년 만에 귀국하여 두 달 후에 인조와 정치적노선 이견으로 1645년에 독살되었다. 유능한 젊은 부부의 안타까운 죽음은 조선의 실용주의적 개방의 죽음이었다. 조선이 세계정세변화에 빠른 판단으로 임했더라면 일본강점기는커녕 엄청난 대변화를 맞이했으리라.

민회빈은 인조의 후궁 조씨 등의 모함으로 세자를 독살하고 왕실을 저주했다하여 사약을 받는다. 80년 후 숙종 때에 무죄로 밝혀져 '민회(愍懷)'시호와 '영회원(永懷園)'으로 복위되어 사적 제357호로 지정되었다. 묘소부근을 둘러보고 400년 수령의 느티나무 아래에서 손수 빚은 전통주를 따르며 365년 전에 애통하게 숨져간 강빈의 넋을 기렸다. 그녀의 뛰어난 포용력과 경영추진력은 오늘날까지도 우리들에게 귀감이 되고 있다.

광명시 향토문화유적에는 청백리 오리 이원익대감의 유적과 유물이 보존된 종택 및 종가박물관 관감당, 오리영우, 충현서원지, 종택, 충현박물관 내 오리기념관, 청백리표상이며 명재상 정원용의 묘, 가학동 지석묘, 광명농악, 영회원 등이 있다. 선인들의 훌륭한 자취를 통해서 우리들의 삶을 돌아보며 지혜롭게 살아갈 수 있도록 길잡이가 되어 준다.

광명 KTX역은 2004년 개통하면서 정부가 서울인구와 교통을 분산할 목적으로 4,068억원 예산으로 건설하여 시발점으로 지정을 예정했었다. 그런데 얼마 전에 영등포역 정차를 국토해양부에서 허가하여 광명시민들의 분노를 사고 있다. 건설취지에 맞지 않은 정부의 일관성 없는 정책으로 광명 KTX역사의 찬란하게 아름다운 고운 은빛이 흐려진 듯하다.

그러나 광명시는 앞으로도 희망이 넘치는 미래지향적인 혁신도시이다. 내 어린 영혼을 품어준 덕유산이 고향에 있다면 여기까지 나를 성장시켜준 제2 고향은 광명 구름산이다. 타향살이에 삭막하고 메말랐던 심신을 따뜻하게 품어주었고 나를 올바른 길로 성찰시켜주었다. 앞으로도 사랑하는 구름산에서 부르는 내 삶의 연가는 영원히 계속되길 소망한다. (2011. 2.『광명예술』)

2부

파랑새의 노래

· 체육관에서 운동을 통해서 맺은 고운 인연에 감사한다. 앞으로도 하얀 새들의 눈부시게 아름다운 날개 짓과 고운 지저귐을 변함없이 만나고 싶다. 구슬 같은 땀방울을 흘리고 집을 향해 돌아오는 길목에 사랑스런 셔틀콕 파랑새들의 노래가 내 마음속에 가득히 울려 퍼진다. "팡팡! 팡팡!"

잃어버린 길을 찾아서

청포도가 익어가는 첫 주말에 광명시 안양천에서 한강을 따라 여의도까지 자전거를 탔다. 서울을 잇는 이십 여개 교각을 거쳐서 왕복 50여km남짓 되는 거리를 약 5시간이 소요되었다. 어릴 적 이후 오랜만에 바람을 씽씽 가르며 달리는 기분은 몹시 신나고 상쾌했다.

즐거운 하이킹을 할 수 있었던 것은 팔순노모가 40년 전에 막내아들에게 했던 약속 덕분이었다. 우리 부부에게 휴일이 돌아오면 자연을 벗 삼아 다정하게 운동하라고 자전거를 사주셨다. 날마다 반복되는 도회지생활에서 일탈하여 자전거를 타는 일은 매우 신선한 경이로움이었다.

여의도에서 휴식을 취하면서 한강을 이처럼 가깝게 바라보기는 처음이었다. 서울에 올라 온지 30년이 되어가건만 뭐가 그리도 바쁘게 살아왔던가 싶었다. 한강은 몇 해 전 유럽여행 중에 찾은 프랑스 세느 강보다 훨씬 몇 배는 웅장하고 깨끗하게 흘렀다. 말없이 흐르는 강가 방파제 주변에는 태공들의 여유자적이 세월을 낚고 있는 듯하여 인상적이었다.

한강주변에 한국적인 건축물들이 세워져 있다면 더욱 금상첨화라는 아쉬운 생각이 들었다. 오염되었던 샛강은 자연 친환경적인 모습으로 변모하여 온갖 수초들과 정겨운 잡초들이 무성하게 자랐다. 길가 화단에는 때 이른 작고 예쁜 코스모스 꽃이 군락을 이뤄 바람에 하늘거리고 있었다. 달리는 자전거 위에서 문득 삶의 반환점에 도달한 듯한 느낌이 들었다.

오랜 시간을 목적지에 도달하기까지 오직 인내와 끈기가 필요했다. 처음에는 핸들을 놓칠세라 꽉 부여잡고 잠시라도 한 눈을 팔지 못했다. 시간이 흘러서야 몸과 마음에 겨우 여유가 생겼다. 그러자 길가에 피어 있는 작은 꽃의 미소가 조금씩 시야에 들어왔다. 그저 가슴조이며 지금까지 정신없이 달려온 인생의 여정 속에 나를 보는 듯하였다.

하이킹 도중에 힘들 때마다 곁에서 말없이 묵묵하게 용기를 북돋아준 남편의 배려가 고마웠다. 문득 힘든 인생길을 팔순노모 홀로 힘겹게 걸어오신 인고의 세월이 가슴 아프게 떠올랐다. 둘이서도 힘겨웠던 달려온 거리만큼 다시 돌아가야 할 자전거 길을 바라보았다. 앞만 보고 지금까지 달려온 우리 앞에 놓여 있었던 수많은 길의 의미를 잠시 생각해 보았다.

길이란 시간과 공간을 인간의 역사 속에 기록하는 과정을 말한다. 우리가 무언가를 하고자하는 원초적 희망인 동시에 삶에 가장 필요한 수단과 방법이 된다. 이것은 사람에 따라서 어떤 곳을 가고자 하는 자유의지와 방향에 따라서 소통의 길이 달라지기도 한다.

우리 인간에게 삶의 올바른 도리와 참된 자아 발견과 영혼구원의 길이 있다. 이밖에 고향 길, 추억의 길, 이별의 길, 학문탐구의 길은 여러 가지 목적으로 찾는 통로는 헤아릴 수 없을 정도로 다양하다. 또한 길은 하늘과 땅과 바다를 비롯한 광활한 우주와 인간의 영혼에 이르기까지 수없이 많다. 그 속에서 각자가 갈망하는 바를 성취할 수 있도록 영원무궁하게 존재한다.

푸른 숲 속으로 향한 그리운 고향 찾아가는 길은 오늘도 날 어서 오라고 정겹게 손짓한다. 어릴 적 뛰어 놀던 골목길 곳곳에서는 소꿉친구들의 재잘거림과 날 부르는 엄마의 정다운 목소리가 머물러 있다. 20년 전에 처음으로 장만했던 서민아파트에서 우리 아이들과 함께 자란 어린 나무들은 울창한 푸른 숲 속에 오솔길을 만들어서 몹시 아름다웠다.

지금은 그곳을 떠났지만 언제든지 찾아가면 장성한 남매의 어릴 적 뛰어 놀던 사랑스런 모습들이 반갑게 달려 나올 듯하여 정겹다. 온 가족에게 행복을 주던 사랑스런 반려동물 푸들모녀 환희와 란희의 즐겁게 산책하던 정든 영역. 어려웠던 시절에 우리

가족의 작은 꿈과 행복들이 그 오솔길에 아직도 따뜻한 온기로 남아있어 지난 추억이 새록새록 애틋하다.

길은 인간의 과거와 현재의 모든 자취를 기록하고 역사를 남긴다. 역사의 위인들은 다양한 발자취로 후손들에게 존경과 비난으로 평가받는다. 그리하여 우리는 현재 걸어가는 길에 자신의 발걸음이 어떻게 남겨질지 자주 돌아보며 성찰해야 된다. 먼 훗날 우리에게 남겨지는 올바른 자취를 위해서 과연 어떻게 살아야만 올바른 길인지 선택하는 일이 중요하다.

자신의 푯대를 향해가는 길에서 삶의 올바른 도리와 참된 자아를 발견해야 한다. 우리들은 인생을 살아가면서 수많은 만남의 길을 통해 인연을 맺는다. 관계 속에서 어떤 위기가 닥쳐와도 나의 참된 본연을 잃지 말고 인내의 길을 가야 된다. 진실과 자유가 모두 갇힌 어두운 공간에서 오히려 잃어버린 나를 찾아가는 새로운 통로가 되기도 하였다.

나는 지금까지 걸어왔던 여정의 수많은 길 앞에서 방황을 하였다. 이제는 그토록 찾아 헤매던 나의 잃어버렸던 길이 바로 삶의 의미를 믿음을 바탕으로 성찰하는 문학임을 찾게 되었다. 수필을 쓰는 일이란 피를 말리는 자아성찰로 자신의 모든 걸 남김없이 버려야 하는 고뇌의 연속이다. 그럴지라도 주님이 내게 허락하신 이 길을 통해서 본연의 나를 찾아가려고 한다.

그리하여 혼탁해진 내 영혼이 글 속에서 끊임없이 걸러져 옛사람을 온전히 벗어버리고 날마다 새롭게 거듭나는 진솔한 자가 되고 싶다. 사랑하는 노모의 끝없이 베푸시는 가없는 사랑은 나의 길에 가속도가 붙도록 페달을 힘차게 밟도록 이끌어 주셨다. 하이킹에 지친 발걸음을 집으로 향하는데 서쪽 하늘에는 초승달이 미소 지으며 앞장서고 있었다.

(2008. 7)

만월을 꿈꾸는 초승달

밤하늘에 눈썹 같은 초승달이 떠 있고 주위에는 별들이 총총한 초여름 밤이다. 문득 수십 년 전에 달빛 아래에서 개구쟁이 사내아이들과 활짝 웃고 찍은 사진이 떠올랐다. 장미꽃동산에서 백여 명 남짓한 보육원 천사들의 사랑스런 재잘거림이 아직도 귀에 들려오는 듯 생생하다.

내 나이 열아홉 되던 가을에 사랑하는 엄마가 병으로 갑자기 돌아가셨다. 고향을 떠나 도회지에서 함께 살았던 늙은 부친은 낙향하여 농사를 지었다. 사회초년생으로 세상물정 몰라 무엇을 어찌할지 갈피를 못 잡고 갈등을 겪으면서 왠지 세상에 혼자 남겨진 기분이었다.

의미 없는 날들 속에서 지내다가 하루는 J시내 변두리에 있는 S보육원을 찾았다. 실버들 늘어진 입구를 지나자 오래된 배롱나무가 연분홍 꽃들을 화르르 불태웠다. 보육원 동산 주변에는 수많은 장미꽃들이 고운 자태를 뽐내며 활짝 피어 있었다. 원장님은 내 형편을 듣더니 반갑게 맞아주고 원생 중에 13세 이상의 남아 18명을 양육하는 보모 일을 맡겨줬다.

아이들은 내게 물었다. "선생님은 지금까지 어떻게 살아왔어요?" "응. 몇 해 전에 갑자기 엄마를 잃어서 너희들 마음을 조금은 이해한단다. 우리 서로 의지하면서 힘차게 살아가자."라고 한 아이씩 가슴에 꼭 안아줬다. 아이들도 동병상련의 눈빛으로 나를 따뜻하게 맞아줬다.

날마다 개구쟁이들의 엄마노릇은 끝이 없었다. 추운 날씨에 세탁기도 없이 많은 빨래를 하는 일과 방마다 연탄불을 갈아 넣는 일은 매우 힘겨웠다. 하지만 이보다 아이가 몸이 아파 혼자 눈물 흘리며 신음할 때가 가장 가슴이 아팠다. 날이 갈수록 아이들의 희망찬 밝은 모습은 큰 보람이었지만, 무엇으로도 채워지지 않는 갈증을 느낄 때마다 몹시 안타까웠다.

보육원생활은 정부의 재정지원이 워낙 부족하여 아이들의 생활환경은 매우 열악했다. 경제가 점점 어려워지자 후원자들의 발걸음이 끊겨 형편은 더욱 힘들어져 갔다. 이곳은 연고자가 없는 고아와 가정 사정으로 맡겨진 16세 이하 아이들이 거주했는데 영양부실로 체구가 작고 연약하였다. 이들에게 사회와 이웃들의 지속적인 관심과 따뜻한 온정이 절실하게 필요하였다.

농장에서 아이들과 함께 채소와 부식물을 손수 가꾸어 자급자

족으로 농사를 지었다. 억세게 자라나는 잡초를 제 때에 제거하는 일은 여간 고역이 아니었지만, 고사리 같은 어린 손길은 불볕 더위에도 아랑곳 하지 않았다. 아이들이 온정을 쏟아 사랑과 정성으로 가꾸는 동산에 피어나는 꽃과 곡식들은 신기하게도 아름답고 풍성하게 잘 자랐다.

여름방학에 부모의 불륜으로 가정이 해체되어 서울에서 내려온 형제가 입소를 했는데 풍족하게 자란 듯 활달하였다. 4학년 상일이 통지표에는 전교 일등을 하던 수재였고 2학년 상현이의 모습은 티없이 맑았다. 이들은 날마다 부모를 애타게 기다렸건만 끝내 소식이 끊겨버렸다. 형제의 체념어린 눈빛에서 배어나오던 절망스런 표정을 지금까지도 영원히 잊을 수가 없다.

어린애들이 무슨 죄가 있다고 이러한 가혹한 고통을 겪어야 하는지 어린 나에게는 도저히 이해할 수가 없는 분노였다. 자신들의 쾌락을 위해 어린자식들을 버리는 일은 부모로서 어떤 변명으로도 용서받지 못할 인륜에 가장 큰 범죄행위이다. 말 못하는 짐승도 제 새끼를 품에서 내치지 아니하거늘 하물며 만물의 영장인 사람이 그리해서야 될 말인가.

그동안 남편과 결혼하여 사소한 이견으로 많은 다툼이 있을 때마다 이들 형제의 아픔을 가슴에서 수없이 떠올렸다. 가정을 이루고 살다보면 누구에게나 한번이라도 위기를 겪지 않을 수가 없는 일이지만, 부모의 위치를 절대로 망각해서는 안 된다고 생각한다. 가족이란 어떠한 시련과 역경에 처할지라도 온 가족이 사랑 안에서 함께 이겨나가야 하는 것이다.

옛날에 우리들이 자랄 때에 가난과 배고픔은 많은 사람들이 함께 겪었던 시대적 아픔이었다. 그러나 배고픔보다도 더 서러웠던 것은 공부하고 싶어도 못하는 일이었다. 어릴 적부터 공부 잘했던 내게는 꿈이 있었지만 어려운 가정형편으로 중학교에 못 가게 되었다. 내 처지가 서글프고 마음이 아파 마당에 홀로 서서 울다가 밤하늘에 떠있는 초승달을 쳐다보았다.

초승달은 어린 내게 용기를 내라고 함께 눈물을 흘리며 이렇게 살며시 속삭이는 듯하였다. '애야, 나는 지금 보잘 것 없어 보여도 보름달이 되는 큰 꿈을 꾸는 중이란다. 너도 울지 말고 용기를 내서 네 꿈을 향해 달려가렴.' 이때 초승달처럼 꿈을 향해 씩씩하게 걸어가겠노라고 다짐하며 쓴 '초승달' 동시는 장수군 글짓기대회에서 입상하여 군청회보에 실렸었다.

모진 가난 속에서도 늙으신 부모님의 가없는 크신 사랑은 내게 가장 큰 원동력이 되었다. 초가삼간에서 온 가족이 서로 사랑하며 산다는 것은 허기진 배를 보리죽과 물로 채웠어도 그것은 바로 천국이었다. 내 유년의 밤하늘은 사랑하는 가족과 만월을 꿈꾸는 초승달로 인해 따뜻하고 행복했었다. 지난 세월을 반추하며 가족의 참된 사랑의 의미를 다시금 생각해 본다.

오랜 세월이 흘렀건만 사진 속에 아직도 환하게 웃고 있는 개구쟁이 천사들은 어디서 무엇을 하며 살아가고 있을까. 지금쯤 가정을 이뤄 생의 한가운데를 열심히 살아가고 있을 사십대 중반을 넘었으련만. 상처를 감싸 안은 진주조개가 아름다운 보석을 품는 것처럼, 부디 어릴 적 아픔을 통해서 각자가 보름달 같은 풍성한 삶들을 행복하게 살아갔으면 좋겠다.

창밖에는 저녁 일찍 마실 나왔던 초승달이 어두운 밤하늘에 은하수를 이불 삼아 잠이 들었다. 아마도 자신의 모자람을 넉넉하게 채워서 세상아래 모두를 따뜻하게 품어주는 보름달을 꿈꾸고 있으리라.

(2009. 7『수필문학』)

안드로메다별에서 온 술 빚는 시인

세상에서 가장 좋은 벗은 오직 술이라고 믿어왔던 외계인이 있었다. 자칭 안드로메다별에서 온 시인과 30년을 함께 살아왔다. 그는 링컨의 게티스버그 연설 중에 “술의, 술에 의한, 술을 위한, 세상에서 술이 영원히 사라지지 않도록”이라는 명언을 좋아했다. 말수 적은 시인은 술한테 배짱훈수를 배워오다가 불시에 배신을 당하는 위기를 겪었다.

사람은 무슨 일이든 도가 지나치면 동티가 나는 법이다. 세상에 술을 이겨낼 자는 아무도 없건만 무모한 자만심이 원인이었다. 허나 그는 자신의 병을 神이 지구에서 마지막으로 준 큰 선물이라 하였다. 오히려 술의 배신에 감사했건만 갑자기 멀어진 벗들을 향한 그리움은 손수 곡주를 빚게 했다. 그의 마음을 알 수 없는 지구인 아내의 시름은 점점 깊어갔다.

하루는 술 빚는 시인의 어깨너머를 살며시 바라보니 항아리에

햅쌀밥, 누룩, 물을 섞어 밑밥을 넣고 곡주를 빚고 있었다. 시인의 아내는 항아리 곁에서 술 익어가는 소리를 듣게 되었다. 사흘째는 한여름 날에 시냇물의 쫄쫄쫄 재잘거리는 하모니가 경쾌하게 들려오고, 풋풋한 향기가 물씬 풍기는 아이들의 해맑은 귀여운 조잘거림은 그칠 줄을 몰랐다.

그러다가 서서히 사랑하는 이들의 속삭임으로 소곤소곤 변했다. 덧술 시기에 맞춰 누룩을 섞어 햅쌀밥을 두 배로 넣어 줬너니, 군중의 외침은 거대한 물결로 변하여 울컥거리며 세게 부딪친다. 엿새째에는 수많은 사람들의 인적이 모두 사라지고, 고요한 겨울 밤하늘에 별들의 흐느끼는 소리가 멀리서 휭휭 바람을 타고서 들려왔다.

열흘 후에는 고향집 처마 끝에 수정고드름이 흘러내리고, 봄비는 대지 위를 촉촉하게 적시며 겨우내 잠자던 만물을 깨운다. 빗물은 호수 위에 수많은 물방울보석을 만들어 사각사각 소리 내며 떨어진다. 보름 후에는 고요한 평화 속에서 봄바람이 배꽃향기를 사방에 흩어놓자, 향기롭고 달콤한 맑은 물결이 항아리에 찰랑찰랑 가득 차올랐다.

이렇게 자연의 오묘한 조화 속에 빚어진 향기로운 술은 세상에 묘약으로 탄생하여 인간에게 희로애락의 감정을 다스려 주는 삶의 촉매제역할을 한다. 반면에 도가 지나치면 건강을 해치고 인간관계에서 신뢰를 잃게 되는 독이 된다. 사람이 술에 취하면 이

성적인 판단이 흐려져 감성에 의존하기에, 성경에는 술 취함은 죄악으로 술의 유혹을 반드시 경계하라고 했다.

술에 대한 채근담(菜根譚)에는 화간반개, "주음미훈, 차중대유가취(花看半開 酒飮微醺 此中大有佳趣)" 꽃은 반만 피었을 때 아름답듯, 술은 조금만 취한다면 그 속에 무한한 아름다운 멋이 있다. 만약 꽃이 활짝 피고 술이 흠뻑 취한다면 도리어 추악한 경지에 이르나니, 절정의 상태에 있는 사람은 마땅히 이것을 생각해야 한다." 라고 술의 절제를 의미 있게 전한다.

우리의 삶은 얼마나 향기롭게 숙성되고 있는지 살며시 뚜껑을 열어봤더니, 술의 유혹에 마우스를 빼앗긴 시인이 외계인으로 클릭당하는 모습이 몹시 슬펐다. 이제는 위기를 기회삼아 순전한 지구인으로 로그인 했지만, 환상적인 유혹에서 과연 벗어날 수 있을까. 그는 지구별 행복카페 ON(2)에서 검지로 살짝 로그아웃을 꿈꾸는 모습이 간간히 체크된다.

시름에 겨운 시인의 아내는 항아리 곁에서 술 익어가는 소리를 듣다가 생각에 잠겼다. 달콤하고 향기로운 술을 빚는 일이란 그리 쉽지가 않았다. 좋은 재료와 물의 비율, 적정온도유지, 청결함, 덧술 시기 중에서 어느 하나라도 부족하면 술은 향기를 잃고 신맛이 났다. 우리들의 인생도 향기 나는 삶이 되려면 날마다 심혈을 기우려 정성으로 빚어가야 하리라.

창밖에 펑펑 쏟아져 내리는 소담한 첫눈을 바라보며, 문득 지구인이 된 고독한 시인이 따뜻한 인정(人情)이 그리워 술을 빚는다는 것을 알았다. 그날 이후 시인의 따뜻한 방에 놓여 진 삶의 항아리 속에는 둘이 오순도순 사랑과 정성으로 다시 술을 빚었다. 세상에서 하나뿐인 이 곡주는 사랑하는 친구와 이웃들을 위해서 향기롭게 숙성중이다.

(2010. 수필문학추천작가회 문집 『열정의 미소』)

그대는 봄비를 좋아하나요

봄비는 꿈꾸는 대지를 깨우는 기쁨의 언어이다. 잠에서 깨어나 눈부신 초록 옷으로 갈아입고 푸른 생명의 기적으로 이끈다. 만물은 봄의 향연을 베풀어 한 목소리로 창조주께 감사의 찬미를 부른다. 봄비는 온갖 꽃들의 들떠있는 아린사연들 위에 촉촉이 적셔준다. 여린 꽃봉오리들의 마음 조이는 거센 비바람을 동반하지 않는 한 언제나 그는 사랑스럽다.

봄비는 겨우내 얼어있던 가슴에 희망의 싹을 틔우고, 삶의 고뇌에 젖어 있는 겨울의 찌꺼기들을 깨끗이 씻어준다. 비로소 만물의 생명수로 인해 찬란한 봄을 더욱 감동에 젖게 한다. 화사한 봄을 여인의 계절이라 누군가 말했듯이 봄꽃들의 사연만큼 나의 심사도 항상 설렌다. 봄을 맞는 기쁨의 뒤안길엔 아이러니하게도 허난설헌의 「춘우(春雨)」가 생각난다.

春雨暗西池(춘우암서지) 보슬보슬 봄비는 못에 내리고
輕寒襲羅幕(경한습라막) 찬 바람이 장막 속에 스며들 제
愁依小屛風(수의소병풍) 뜬 시름 못내 이겨 병풍 기대니
薔頭杏花落(장두행화락) 송이송이 살구꽃 담 위에 지네.

봄날에 피었다가 지는 살구꽃을 여인의 짧은 젊음으로 나타냈다. 작은 병풍에 기댄 채 봄비에 하나 둘 떨어지는 살구꽃을 바라보며, 젊음이 빠르게 가는 것을 안타까워 한탄 하였다.

이처럼 언제부턴기 봄비에 젖은 애잔한 봄의 정서에 공감이 가는 버릇이 생겨났다. 하루는 세월의 거울 속에 속절없이 변모하여 타인처럼 앉아있는 중년여인을 발견하였다.

세월을 잊고 살아가던 봄날에 어릴 적 고향 친구들을 약 40년만에 재회하였다. 졸업이후 우여곡절 끝에 고향을 떠나 거짓말처럼 친구를 한 사람도 만날 수가 없었다. 고향과 친구들을 향한 그리움은 한이 되어 살아오다가 뜻밖에 만남은 마음을 주체할 수 없었다.

덧없는 오랜 세월의 늪을 곱혀 친구들에게 내 맘을 전할 무엇이 절실하였다. 그래서 밤을 지새워 마음속에 실타래를 풀어 백지위에 글을 쓰는 계기가 되었다. 이렇게 인생을 살아가면서 뜻하지 않은 일들의 전개 속에서 진통을 겪어가며 삶에 의미를 새롭게 찾아가게 되었다.

모든 이들의 삶도 그러하듯 내 삶 속에서도 지금까지 예견 못하

고 갑자기 쏟아지던 소낙비가 많았다. 홀로 힘들고 암담한 상황 속에서도 희망의 봄비를 얼마나 목마르게 기다렸던가. 이렇듯이 봄비는 내 삶에 항상 목마름 속에서 찾게 되었던 오아시스였다.

하늘에서 내리는 비는 때와 모양에 따라 불리는 명칭이 다르다. 정인과 이별의 애달픔을 나타낸 이슬비, 별로 반갑지 않은 사람 같은 가랑비, 하늘만 바라보는 농부의 가슴에 내릴 듯 말 듯한 먼지잼비와 여우비가 있다. 장마철에 장대처럼 굵고 거세게 좍좍 쏟아지는 장대비, 목말라 애타는 간절한 단비, 봄철 농작물과 모내기철에 꼭 필요한 모종비와 목비가 있었다.

불가항력적인 자연의 섭리처럼 우리들의 삶 속에 내리는 운명적인 비의 종류도 다양하였다. 대책 없이 쏟아지던 장대비는 어릴 적에 우리 땅을 금강 물줄기로 예고 없이 만들어 버렸다. 강변에 조금 남겨진 척박한 땅을 온 가족이 개간하여 과수농사를 했다. 뜨거운 모래밭에서 어린 모종들이 단비를 기다리며 부모님의 안타까운 마음과 함께 바짝바짝 타들어 갔다.

그러다가 자식처럼 정성껏 가꿔서 수확을 앞둔 농작물을 해마다 장마의 거대한 물길 속으로 휩쓸려갔다. 힘없이 뭉텅뭉텅 황톳물에 사라져가는 땅을 멀리서 바라보며 발만 동동 굴렀다. 억수 같이 쏟아지던 빗줄기속에서 하늘을 향해서 부모님의 절규가 안타깝게 메아리쳤다.

장대비는 슬픈 대상이었지만 봄비는 가슴 속에 희망의 싹을 틔

우게 하였다. 부모님은 수마에 겪었던 절망 속에서도 봄비가 주는 푸른 마법의 희망으로 견디셨으리라. 아버지가 모래밭에 심었던 희망의 새싹들은, 지극한 사랑 속에서 봄비를 촉촉이 맞으며 무성하게 잘 자랐다.

삭막한 겨울이 지나간 자리를 봄비가 말끔히 씻어주면 척박한 곳이라도 눈부신 푸름으로 가득히 채워졌다. 겨우내 텅 비었던 논두렁 밭두렁은 생명을 품은 신비의 연초록으로 가득 넘쳤다. 연분홍 자운영 꽃들이 수줍게 만발한 고향들녘은 아직도 나의 영원한 파라다이스이다.

오랜 세월 동안에 억수같이 쏟아져 내리는 빗소리를 들으면 불현듯 마음속에 불안함을 영영 떨칠 수 없었다. 그러나 봄비는 희망의 싹을 움트게 하며 조용히 내 마음을 두드린다. 그토록 간절하게 기다렸던 봄은 어느덧 찾아와 맘속에 머무르나 했는데 저만큼 뒷모습만 보인다.

온 세상의 화려한 꽃들도 화무십일홍(花無十日紅)이라. 시간의 흐름은 무상하게 꽃비를 흩날리며 관객들의 환호소리에 묻혀 아쉽게 막은 내려진다. 새로운 극을 위한 다음을 준비하는 시간을 맞는다. 이 모든 사연들은 내 삶 속에 클로즈 업 되어 봄의 추억을 곱게 한 컷 남겨 놓았다.

창밖에 봄비가 그칠 즈음 그리운 고향산하는 아름다운 연초록 바다의 물결로 출렁일 것이다. 여린 새싹들은 희망의 싹을 움트게 도와 줬던 봄비를 기억하면서, 앞으로 거친 폭풍우 속에서도 아름다운 꽃을 피우고 튼실한 열매를 맺으리라. 삭막한 내 영혼 위에 촉촉이 내려주는 청량한 봄비를 맞으며, 사랑하는 사람과 함께 찬란한 고향의 봄 길을 조용히 걷고 싶다.

(2008. 5 『수필문학』 천료등단)

할미산 육십령에 얽힌 전설

달력이 한 장 달랑 남겨진 것을 보면 지나간 시간들에 대한 아쉬움이 먼저 앞선다. 겨울은 이제야 겨우 문턱에 다가왔는데 마음을 스치는 바람은 싸늘하게 다가온다. 높은 빌딩 숲 위로 보름달이 둥실 떠올라 겨울나목들의 온 몸을 따뜻하게 감싼다. 문득 보름달을 바라보면서 두어 달 전에 고향에서 있었던 일이 선명하다.

백두대간의 지리산으로 이어지는 남덕유산에 있는 할미산은 산세가 높아 구름도 쉬어가는 곳이다. 할미산 육십령은 경상도와 전라도의 경계선으로 예로부터 전해오는 세 가지 전설이 있었다. 첫째, 산적의 위협으로 장정 육십 여명이 함께 넘어야 한다, 둘째는 숲이 울창하여 호랑이 때문에 60여 명의 사람들이 모여야 재를 넘었다. 셋째, 여자 신선이 산마루에서 볼일을 함양 쪽을 향해서 본 후부터 물이 풍족한 반면에 장계 쪽은 수량이 부족하였다고 한다.

수백 년이 흘러 세상에는 산적과 호랑이는 없어졌는데 공교롭게도 오래 전부터 수량부족으로 장계면 대곡리 주촌마을을 수몰하여 거대한 댐을 만들었다. 주촌은 충절의 여인 의암 주논개가 태어난 고향이다. 할미산은 남덕유산의 심장줄기로 고향사람들의 마음속에 오래전부터 기억하는 추억의 산이다. 명칭은 할미산 이외에도 함미산(1,026.4m)이라 일컫는다.

할미산 육십령(六十嶺 734m)에 전해오는 전설처럼 내 뿌리에 얽힌 슬픈 가족사가 오래전부터 이곳에 함께 존재하고 있었다. 어린 시절에 눈 내리는 긴긴 밤이면 어머니로부터 전해 듣던 소설 같은 우리 집안에 내력을 들었다. 철없을 때는 자주 듣다보니 흥겨운 이야기로 생각했었는데, 성장하면서 혈육에 대한 그리움은 점점 안타까운 아픔으로 마음속에 새겨지게 되었다.

고향에서 어릴 적 동창들과 석식 후에 할미산 육십령 휴게소에 들렀다. 오랫동안 마음으로 간직했던 곳을 지천명에 찾게 되어 감개무량하였다. 산길이 꼬불꼬불한 고산지대라 이명 현상으로 비행기를 탄 듯하였다. 무더운 여름이지만 써늘한 한기로 몸을 웅크리게 하였다. 그날은 백중날이라 휘영청 밝은 달 속에서 고조모님의 슬픔이 내게 애잔하게 전해오는 듯하였다.

지금부터 130여 년 전, 경상도 진주 사천마을에 능성 구(具)씨 집성촌에는 흉년으로 굶어 죽는 사람들이 태반이었다. 고조부내외분은 어린 두 아들의 장래를 위해서 가산을 정리하여 전라도의 넓은 평야를 향해 길을 떠났다. 그런데 불행하게도 고조부님은 할미산에서 해를 당해 돌아가셨고, 설상가상으로 작은 아들마저도 병으로 잃게 되었다. 고조모님은 초봄에 언 땅을 파서 장례를 치른 후에 어린 아들과 육십령을 넘어 전라도 장계에 정착하였다고 한다.

모친은 어린 내게 옛 가족사를 말할 때마다 눈물을 지으시던 모습이 떠오른다. 깊은 산중에서 홀로 남겨진 고소모님은 얼마나 암담하고 슬펐을까. 후에 무성해진 숲 속에서 남편의 무덤을 찾지 못했다고 한다. 혼자서 억척같이 가세를 일으켜 머슴 서넛씩을 두고 부농으로 살다가, 그토록 사랑했던 손자 대에서 무자년 수마를 겪으셨다. 전답이 몽땅 흔적도 없이 떠내려가는 걸 지켜본 할머니의 슬픔은 영화의 한 장면처럼 나의 뇌리에서 스쳐 지나갔다.

부친은 살아생전에 힘들고 고통스러울 때는 자신을 가장 사랑하였던 할머니를 큰소리로 외쳐 부르시곤 하였나. 당신 평생에 잔병 한번 앓지 않은 것은 오직 할머니의 은덕이라고 입버릇처럼 늘 말씀하시던 기억이 떠오른다. 나는 쉰둥이라 양가 조부모님께서 내가 태어나기도 전에 모두 일찍 돌아가셔서 따뜻한 내리사랑을 한 번도 받아보지 못했다. 친구들 중에는 할아버지와 할머니의 지극한 사랑을 자랑할 때는 몹시도 부럽기만 하였다.

효성 지극했던 진봉오빠는 20년 전에 떠나신 선친께서 임종

직전에 고조할머니를 애타게 찾으며 부르셨다고 하였다. 손자에 대한 끈끈한 사랑의 줄은 목숨이 다하는 순간에도 끝나지 않았다. 할머니는 본향으로 돌아가는 저승길이 두려운 손자에게 찾아와 길안내를 하셨으리라. 어릴 적 명절에 선친을 따라 성묘를 가면 고조모의 묘소 앞에서 유독 슬프게 통곡하셨다.

할미산 육십령 고개 위에서 달빛 아래를 둘러보았다. 태고 때부터 병풍처럼 겹겹이 둘러싸인 채 서있는 높은 산들은 내게 아무런 말없이 고요 속에 침묵하고 있었다. 그러나 어쩌면 나의 고조모님의 애끓던 통곡소리를 아직도 산천은 기억하고 있을 것만 같았다. 온 세상을 비추는 보름달은 사진 속에 할머니의 온화한 표정을 닮은 채로 나를 말없이 응시하고 있었다.

문득 할미산 어딘가에 오랜 세월동안 잠들어 계신 얼굴도 모르는 사랑하는 할아버지가 가슴 시리도록 서럽게 그리웠다. 할아버지의 핏줄이 된다는 사실은 내 존재의 이유가 되기에 두 손 모아 창조주께 감사의 기도를 드렸다. 할미산에 전설과 함께 영원히 남으신 당신께 부끄럽지 않은 증손녀가 되기를 약속하면서 달빛 아래 할미산 육십령 고갯마루를 내려 왔다. (2006. 12)

파랑새의 노래

사위가 어둑한 새벽녘에 우리 부부는 그물채 라켓과 새 통을 어깨에 메고 사냥꾼처럼 집을 나선다. 도착한 체육관에는 회원들이 동분서주 배드민턴게임에 여념이 없다. 높이 날아오른 셔틀콕 하얀 새의 경쾌한 울림을 들으면 언제나 마음에 짜릿한 감동이 전해온다. 머릿속에 온갖 잡다한 상념들이 모두 사라지고 무아지경 속에서 눈빛은 오직 새를 향해 쫓아간다.

셔틀콕은 둥근 코르크 머리에 16개 하얀 거위 깃털로 이루어져 추락할 때는 땅위에 사뿐히 떨어진다. 높이 1.55m 그물망에 13.4m x 6.1m 공간에서 복식으로 게임을 한다. 서로가 실수 없이 멋진 묘기를 펼쳐 상대를 먼저 제압하겠다는 의지가 눈빛에 엿보인다. 하지만 실수의 연발로 새는 번번이 창공으로 훌쩍 날아가고, 여기저기서 안타까운 자책소리가 이어진다.

이렇게 변화무쌍하고 빠른 새를 강하고 유연하게 펼쳐가는 남녀 혼합복식은 배드민턴의 꽃으로 불린다. 동행한 남편과 의기투합하여 상대팀과 게임을 시작한다. 도중에 사소하게 다툼이 잦지만 서로 용기를 북돋으며 장단점을 보완하여 풀어간다. 그는 체력과 기술이 뛰어나지만 내 실수로 게임이 풀리지 않아서 힘들어할 때는 안타까운 자책과 연민의 정을 느낀다.

나는 그물망 앞에 자세를 낮춰 새를 낮게 날도록 짧게 끊어주고, 먼저 기회를 포착하기 위해서 빠르게 움직인다. 상대가 나를 향해서 공격해 들어올 때마다 '헤어핀'과 '드롭샷'의 짧고 유연한 동작으로 새를 날려 보낸다. 다시 날아온 새를 향해서 시속 280km가 넘는 빠르고 강한 그의 대각선 '스매시' 선제공격이 이어진다. 눈 깜박할 찰나에 새는 꼼짝 못하고 수중에 잡히면, 세상은 우리들의 것이 되는 기쁨의 순간이 되는 것이다.

하지만 컨디션 문제로 실수가 잦고 상대방의 계획을 차단하지 못해 선제공격을 당하면, 서로 네 탓이라고 옥신각신 하다가 결국은 패하고 만다. 상대를 충분히 이길 수 있는 실력인데도 불구하고 게임에 질 때는 매우 안타깝지만, 둘이 힘을 합쳐서 멋진 게임을 하고나면 하늘을 날 듯 기분이 상쾌하다. 오랫동안 남편과 운동으로 취미생활을 함께 하다 보니 지금껏 삶 속에서 서로를 역지사지로 이해하는데 많은 활력소가 되었다.

이처럼 즐겁고 흥미로운 게임을 즐기려면 기본을 먼저 배워야 자세도 좋고 실력도 빨리 향상된다. 반면에 올바르지 못한 나쁜 자세는 몸을 다치기 일쑤였다. 기술을 습득할 때는 기본을 먼저 익히는 일이 가장 중요하다는 사실이다. 기본자세 중에 빠른 순발력으로 공격하는 '스매시', 하늘 높이 보내는 '하이 클리어', 네트를 살짝 넘는 '헤어 핀', 그물망 앞에서 빠른 공격 '푸시', 상대 몸 쪽으로 찔러 넣는 '드라이브', '클리어', '드롭샷' 등의 멋진 기술들이 많다.

용맹스런 장수가 싸움에서 존경을 받듯이 운동도 기술과 체력이 좋은 자가 부러움의 대상이 된다. 기네스북에 다승의 우승자로 올라 세계인들의 찬사를 한 몸에 받은 배드민턴의 황제 '박주봉'이 있다. 그는 명석한 두뇌플레이로 빠르게 기술을 구사하고 상대방을 제압하였다. 십년동안 국내외경기에서 무적의 많은 승리로 우리 국민과 외국인들에게 큰 감동을 안겨줬다.

배드민턴운동은 정적인 글을 쓰는 내게 심신을 다스리는 좋은 수련장이 되고 있다. 특히 복식게임의 묘미는 파트너와 호흡일치로 상대의 잘못을 탓하기보다 서로 용기를 북돋아 줄때에 좋은 결과를 얻는다. 지던 게임도 침착하게 최선을 다하여 풀어 나가다보면 통쾌한 역전을 할 수가 있었다. 우리들의 굴곡 많은 인생사에서 절망보다는 희망적이며 긍정적인 사고에 따라서 자신에게 주어진 삶이 달라지는 이치와 비슷하였다.

우리들의 운동하는 모습을 수많은 새들은 체육관 천장 모퉁이 구석 사이에 아예 날개를 접고 앉아서 끝없는 수다를 떤다. 어찌

하여 높은 구석에 옹기종기 모여 앉아 오랜 세월을 재잘거리는지 이유가 있다. 새 주인들이 새들을 창공에 높이 날려 보내서 혼자는 도저히 못 내려온다. 높은 곳에 머문 새들을 바라보면 가끔은 재미있는 상상의 나래가 펼쳐진다. 아래에서 운동하는 사람들의 제 각각 살아가는 삶의 사연을 새들은 아는 것처럼 느껴진다.

새들은 저희들끼리 자신의 주인이 펼치는 기술에 따라 실력을 가늠하여 내기를 걸기도 한다. 갑자기 새 한마리가 비틀거리며 창공을 날자 주인이 어제 밤새도록 술을 먹었노라고 살짝 귀 뜸해준다. 부부가 경기 중에 다툼 없이 다정하게 게임을 하는 것을 가장 부러워하고, 부상으로 못 나오는 이들의 안부를 염려하며 그리워한다. 체육관에서 함께 운동하는 회원들 사이에는 따뜻한 인정으로 맺어져서 언제나 게임을 할 때마다 활기차고 분위기가 훈훈하다.

배드민턴과의 인연은 오래 전에 신경성 위장병으로 심신이 몹시 지쳐 있었다. 어느 날 새벽기도를 다녀오는데 집 옆에 코트장에서 이웃들이 셔틀콕을 좇아 즐겁게 운동을 하고 있었다. 이때부터 하얀 새의 매력에 빠져서 운동을 시작하여 남편과 함께 광명시 생활체육배드민턴 대표로 발탁되기도 하였다. 도내경기에 여러 차례 출전하여 각종 메달을 따는 좋은 결실의 추억들을 남겼다. 이젠 건강을 되찾아 내 꿈을 향하여 비상할 수 있게 되었다.

셔틀콕은 어언 20여 년 세월을 내게 희망의 노래를 불러 준 파랑새였다. 체육관에서 운동을 통해서 맺은 고운 인연에 감사한다. 앞으로도 하얀 새들의 눈부시게 아름다운 날개 짓과 고운 지저귐을 변함없이 만나고 싶다. 구슬 같은 땀방울을 흘리고 집을 향해 돌아오는 길목에 사랑스런 셔틀콕 파랑새들의 노래가 내 마음속에 가득히 울려 퍼진다. "팡팡! 팡팡!" (2007. 8)

어머니의 편지

사랑하는 딸 영례에게.

자식은 철이 없어도 이해가 되고, 잘못을 하여도 용서가 되는 법이란다. 왜냐하면 아직 인생(人生)을 덜 살았고, 부모이니까. 어느덧 너희들이 철이 들어 엄마가 쓴 글들을 읽고, 절절한 네 사연의 편지를 아름아름 내게 안겨주니 넘치는 감동을 주체할 수가 없구나. (중략)

pen은 창검보다 위대하다 하였다. 창(槍)은 산 자에게 위협이 될지언정 pen은 인류의 길이 되며, 문명의 꽃을 피울 수 있기 때문이다. pen이 지향하는 길은 멀고도 험하며 농부가 굳은 땅을 갈아 씨를 뿌리듯이, 어머니가 잉태와 분만의 진통을 겪는 연후에야 한 생명을 탄생시키듯, 글 역시 그와 같은 사명감을 가지고 한 작품 한 작품 써 가는 것이 아닐까?

글 쓰는 자는 먼저 자신을 알고 자신을 본다는 것이 얼마나 위대한 발견인가! 그래서 세상이 보이고 이웃의 신음소리가 들리고 눈부신 神의 은총이 느껴지고, 풀벌레의 나래 소리가 들리고, 작은 풀꽃들의 미소를 연민으로 껴안을 때 비로소 마음은 에덴과 같은 평안과 감사로 충만해 지리라. 나의 경우 글이란 마치 기도와 같다는 생각을 한다.

글이란 사랑을 먹고 자라는 진리요, 생명인 것을 그 소중한 펜을 네가 지금 갈며 그 멀고도 힘든 문학(文學)의 길을 가기를 원한다는 사실이 얼마나 자랑스러운지 모르겠다. (중략)

2006. 6. 10.
사랑한다. 딸아 많이많이. 널 사랑하는 엄마가

나에게 이런 자상한 사랑의 서신을 보내주는 팔순 시모님이 계신다. 우리 어머니께서 그동안 내게 보내준 많은 사연 중에 한 부분을 여기에 옮겨보았다. 언제나 '사랑하는 딸아'로 시작되는 글을 읽다보면 돌아가신 육친의 모정이 느껴지곤 한다.

이 편지를 주제로 수필을 써서 초등학교 동창 홈페이지에 올려놓자 많은 친구들에게 감동과 부러움의 전화와 메시지를 여러 통 받았다. 우리 사회에 여자가 사랑하는 남자와 결혼을 하면 대부분 고부간에 갈등문제로 많은 어려움을 겪는다. 그러나 사랑하는 우리 어머니를 통해서 '시어머니가 며느리를 낳는다.'라는 말을 감히 하고자 한다.

철없는 어린 나이에 남편과 결혼을 하자 어머니는 친정엄마를 일찍 여윈 나를 항상 안쓰러워하고 감싸주셨다. 살아가면서 어디다가 하소연할 데가 없는 외로운 철부지 막내며느리는 가정에서 일어나는 대소사를 당신에게 시시콜콜 털어놓고는 항상 기도를 부탁하였다.

남편의 철없는 실수들을 당신 탓 인양, 어머니 아들 땜에 너무 힘들어 못 살겠다고 단골메뉴처럼 말했었다. 그러면 어머니는 아들을 어릴 적에 품에서 키우지 못해서 늘 미안하다고 말씀하셨다. 당신은 철없는 자식들로 하여금 얼마나 안타까운 눈물의 기도를 하셨을까.

언제부턴지 홀로 계신 우리 어머니의 아픈 가슴을 조금씩 생각하게 되었다. 그래서 우리의 일상에서 힘들고 어려운 일들은 지난 후에 말씀드리고, 집안에서 일어나는 가장 기쁘고 좋은 소식만 전해드리면 "내가 너희들로 인해 참으로 행복하구나."하시며 활짝 웃으신다.

어머니는 병석에 오래도록 계셨던 아버님을 대신하여 4남매를 위해 평생을 힘든 가장노릇을 하셨다. 그래서 막내인 나의 남편에게 사랑과 관심을 많이 못 준걸 못내 아쉬워하셨다. 예전에 살기가 힘들었던 우리들에게 어미의 가난한 빈손이 한없이 부끄럽다고 늘 안타까워했었다.

우리 부부간에 다툼이 있을 때에는 아들을 두둔하기보다는 평생을 내편이 되어주셨다. 그리고 '세상에 그만한 사람도 없다. 네 아내를 항상 귀하게 여기고 네가 먼저 잘하라'는 말을 후에 남편에게 들었다. 이처럼 어머니는 언제나 변함없는 나의 든든한 힘이 되어 주셨다.

디자이너이신 어머니는 나의 결혼예복부터 임신복을 비롯하여 철따라 몸치수에 꼭 맞게 정성으로 옷을 만들어주셨다. 눈이 어두워져지자 돋보기를 쓰고 해주신 옷들을 입고 교회를 다닐 때마다 당신의 변함없는 사랑에 가슴이 저려왔다. 세상에서 나를 이처럼 사랑해주는 어머니가 계시다는 사실에 항상 가슴이 따뜻하고 행복했다. 당신이 베푸신 사랑 속에서 세상을 아름답게 보는 눈과 따뜻한 인정과 남에게 사랑을 베푸는 일들을 배우게 되었다.

어린이날에는 매번 예쁜 옷을 곱게 지어 "사랑하는 딸아! 이 옷이 네 맘에 꼭 들었으면 좋겠다. 널 사랑하는 맘으로 옷 솔기 한 땀 한 땀을 기도하면서 만들었단다. 엄마를 생각하며 맘에 덜 들더라도 예쁘게 입기를 바란다."라고 사랑의 편지와 함께 선물을 보내주셨다.

어머니는 평생에 일곱 권의 주옥같은 수필집을 내셨다. 당신의 글을 읽노라면 신실한 믿음의 삶 속에서 우러난 절제된 정갈한 문장을 느낀다. 이러한 어머니의 내공 깊은 글을 볼 때마다 조바심이 난다. 그런 미욱한 내게 절대 서두르지 말라며 항상 따뜻한 미소를 지으신다.

얼마 전부터 수필을 써서 어머니께 보내드리면 그렇게 기쁘고 사랑스러운지 조목조목 짚어주며 조언해 주신다. "아가. 이 대목은 이렇게 쓰면 안 되겠니. 힘들게 쓴 너의 살과 피 같은 글에 메스를 대는 것 같지만, 너무 섭섭하게 생각 말거라." 하신다.

변함없는 사랑을 베푸시는 어머니를 보면서 고부간의 입장을 역지사지로 생각해본다. 따뜻하고 자상한 시어머니 되는 법, 며느리를 친딸 대하듯 사랑하는 법, 어떠한 말도 가만히 듣고 조언해줄 수 있는 지혜, 이런 것들을 당신처럼 갖춰가며 나이 들어가야겠다는 생각을 자주한다.

그동안 미욱하여 어머니의 사랑을 미쳐 깨달지 못했는데 이제야 얼마나 많은 사랑을 받았는지 알게 되었다. 진정한 효도란 부모님의 마음 한편에 언제나 함께 하는 자식이어야 한다는 것을. 내 마음의 빗장을 활짝 열어젖히고 어머니께 아름다운 노래를 큰 소리로 불러 드리고 싶다.

어머니께 못다한 효도는 너무 많은데 본향으로 갈 길을 서두르실 때마다 가슴이 철렁 내려앉는다. 부디 건강하셔서 우리들과 오래도록 함께 계셨으면 참으로 좋겠다. 새벽미명마다 하루를 여시는 당신의 간절한 사랑의 기도는 우리에게 큰 축복이라는 사실에 감사드린다.

사랑하는 딸을 천국으로 보내고 어머니의 아린 가슴에서 철부지 막내딸을 사랑으로 낳으셨다. 그리고 '사랑하는 나의 딸아'라는 우리 어머니의 지극하신 사랑이 곁에 있기에 나는 참으로 행복하다. 앞으로 우리 어머니께 기쁨을 많이 안겨 드리는 착하고 예쁜 막내딸이 되어야겠다. (2007. 9『수필문학』)

오빠생각

禮야. 自身을 가져라.

모든 말에 앞서 이렇게 힘껏 너에게 말하고 싶다. 너의 그 같은 고생을 모르는바 아니로되 오빠는 도울 수가 없어 참 애가 타는구나. 悲壯한 마음으로 쓴 네 便紙를 읽어 내려가는 이 오빠의 心情을 네가 알까? 사랑하는 누이야. 生活이 다소 구차할지라도 우리들의 마음만은 그 누구 못지않게 부요함을 누리기 위해 노력할 것을 우리 약속하자.

禮야. 우리에게 참되게 산다는 意味를 우선은 현재에 겪고 있는 고난을 참고 이겨 나가는 일로 먼저 삼자, 눈물의 의미도 그처럼 값없어서는 안 된다. 소급해 보는 過去가 짭쪼롬하고 애틋한, 다시 한 번 해보고 싶을 때에 우리 두 손을 잡고 실컷 울기로 하고 지금은 절대로 울지 마라. 나는 여전히 Espirit(정신, 혼)의 충족을 위하여 날마다 글을 계속 쓰고 있다.(중략)

禮야. 거듭 강조하거니와 自身을 가져라. 그리고 분발하라. 구차함도 잠깐이다. 먼 미래가 우리의 앞과 뒤에서 지켜보고 있다. 現在라는 시간적 고통을 어떠한 勇氣, 智慧, 忍耐로 타고 넘는가를 말이다. 弱者의 意味를 돈과 결부시키지 말거라. 富者에겐 무릎을 꿇고(body, 肉), 아르키메데스에겐 머릴 숙이며(spirity, 정신), 神에겐 마음을 여는(soul, 영혼) 法이다. (중략)

사랑하는 누이 禮야. 부디 건강해라. 그건 육신과 미래를 위함뿐만 아니라 보다 알찬 정신을 가꾸는데도 절대적인 것이기 때문이란다. (중략)

1975. 4. 7. 고향 장계에서 진 오빠가

나에게 오빠 셋, 언니가 둘, 생각만 떠올려도 가슴이 아려오는 6남매 형제가 있다. 위의 글은 열 살 터울 셋째오빠가 객지에서 여학교를 다니던 내게 보낸 편지이다. 나는 중학교를 다닐 때에 우연한 기회로 높이뛰기 한국 신기록을 세우자 뜻밖에 전도유망한 샛별로 떠올랐다. 여기저기서 빗발치는 스카웃 제의로 여고를 장학생으로 들어가게 되었다. 그러나 공부를 하고 싶었던 간절한 비중보다는 오직 기록갱신을 위해 날마다 운동장에서 뛰어야만 했다.

원치 않았던 힘든 환경 속에서 제대로 먹지 못하고 운동하면서 갈등하다가 오빠에게 절박한 심정을 토로하였다. 그럴 때마다 오빠는 지혜롭고 따뜻한 말로 나에게 자상한 스승이 되어 다독이며 희망의 길로 이끌었다. 그동안 인생을 살아오면서 혼자서 외롭고 힘들 때마다 오빠의 편지를 꺼내어 수백 번을 넘도록 눈물로 읽으며 마음을 새롭게 가다듬곤 하였다.

나와 스무 살 차이로 집안의 희망이었던 큰오빠는 수해로 가세가 기울어진 와중에 전주사범학교 졸업반 한 달을 남겨두고 자퇴하여 부모님을 몹시 실망시켰다. 정이 깊고 마음이 착했던 작은 오빠는 군에 입대하자 그곳에 눌러 앉아 직업군인이 되었다. 막내오빠는 익산 남성고를 들어간 수재였지만 가정형편으로 학업을 중단하게 되어서 부모님의 평생 한이 되었다.

자태 곱고 콧대 높았던 큰언니는 남동생을 공부시키겠다고 원치 않는 결혼으로 집을 떠났지만 평생을 여의치 못했다. 끝까지 말리던 엄마는 화병이 나셨고 언니의 불행은 가난과 이웃들의 소곤거림보다 더욱 견디기 힘든 큰 아픔을 어린 내 가슴에 남겼다. 야무졌던 둘째언니는 상급학교 진학 대신에 객지에서 공장을 다니면서 홀로 자신의 앞길을 개척해 나갔다.

배움의 길을 접지 못한 나는 중학교에 가려고 객지에서 학비를 벌 때에 막내오빠는 군복무 중에 지원하여 백마용사로 월남전으로 떠났다. 폭탄과 총알이 빗발치는 치열한 전쟁터에서 내게 사랑이 가득 담긴 격려의 편지를 계속 보냈다. 그리고 목숨 값으로 받은 50달러를 1년 남짓 집으로 매달 보냈고, 아버지는 장터에서 까만 염소를 여러 마리를 사서 정성껏 키우셨다.

종전 무렵 오빠가 귀국하여 학교에 찾아왔다. 까맣게 그을린 키 크고 멋진 오빠를 둔 나를 아이들은 몹시도 부러워했다. 오빠는 고향에 돌아와서 신춘문예 준비로 소설을 쓰기 시작했다. 내가 중학교를 졸업할 즈음 외양간에 가득 있었던 염소들이 몇 마리밖에 남아 있지 않았다. 오랜 세월이 흐른 후에야 오빠의 목숨 값으로 나는 중학교를 다녔던 사실을 알게 되었다.

가난 속에서 성장하여 내가 결혼할 때에 막내오빠는 자신의 어려운 형편에도 나에게 최선을 다해 도와주면서 용기와 격려를 아끼지 않았다. 오빠는 이처럼 나에게 때로는 부모역할에 언니와 친구가 되어 나를 돌보고 사랑해줬다. 어릴 적부터 등에 업어서 키운 철없는 누이를 위해서라면, 무엇이든지 모두 해주고 싶다던 오빠는 나에게 가장 든든한 산 같은 존재였다.

세 오빠는 각자의 방식대로 나를 아끼고 사랑하였음을 기억한다. 어쩌다 부모님의 기대에 어긋났던 큰오빠의 가슴 아팠던 회한의 세월. 서른넷 젊은 나이에 세 아이를 남겨놓고, 나와 함께 병원 가던 차 안에서 천식으로 요절한 둘째오빠. 가난 속에서 끝내 큰 꿈을 펼쳐보지 못한 막내오빠. 이들은 내 가슴 속에 세상에서 가장 안타까운 연민의 별이 되어 남았다.

올봄에 고향 총 동문모임에서 시낭송을 부탁하기에 40년 만에 선후배들을 만났다. 그곳에서 이순을 맞은 막내오빠 동기들은 하나같이 오빠안부를 물었다. 오빠는 이제껏 고향친구들을 만나지 않고 지내오셨다. 나는 오빠가 가난으로 인해 꿈을 펼치지 못하고 세상을 외롭게 살아왔다는 안타까움에 그만 설움이 복받쳤다. 그리고 혼자서 마음속으로 이렇게 외쳤다.

'사랑하는 오빠. 가슴 아팠던 지난 추억들은 세월 속에 묻어 버리고, 이제는 고향과 화해하시면 안 될까요? 고향은 우리들에게 아무런 잘못이 없어요. 우리 곁에 고향이 있다는 사실을 감사하기로 해요. 이제는 고향을 찾아 깨복장이 친구들도 만나보고, 사랑하는 가족들과 함께 보냈던 옛 추억의 흔적들을 찾아보세요. 그러면 세상에서 가장 큰 행복을 느끼실 거예요.'

오빠생각으로 연민하다가 하루는 고향 동문 홈페이지를 오빠에게 소개했다. 오빠는 어릴 적 친구들과 '안수당 수필' 코너에서 내 글을 읽고 기뻐하는 목소리로 전화선을 울렸다. 이제부터는 오빠가 고향을 향한 그리움의 물코가 봇물처럼 툭 터졌으면 한다. 그래서 다시 찾은 고향에서 깨복장이 친구들과 따뜻한 우정을 나누며 남은 여정이 더욱 행복해졌으면 좋겠다.

지금까지 나를 항상 올바른 길로 이끌어준 오빠의 지극한 사랑에 진심으로 감사를 드린다. 내게 그동안 베풀어주시던 그 많은 사랑을 조금도 갚지 못하고 살아가는 못난 누이는 부끄럽기만 하다. 사랑하는 피붙이는 생명이 다하는 순간까지 서로의 가슴 속에서 영원히 잊지 못하는 안쓰러운 존재이다. 알차게 영근 꼬투리 속에 나란히 들어있는 콩들처럼 그러한 형제들이 몹시 그리운 청포도가 익어가는 밤이다. (2009. 7)

자전거를 타고 싶은 남자

직장에서 퇴근하여 현관문을 열고 들어서는 남편의 큰 눈망울이 유난히 촉촉하다. 어인 일인지 이유를 묻자 옛 추억이 잠시 생각나서 자신도 모르게 눈물을 흘렸노라고 한다. 글을 쓰다 보면 간혹 아픈 추억으로 눈물이 봇물 터지듯 하기에 공감이 갔다. 그가 살며시 내민 쪽지에는 '월요일에는 자전거를 타고 출근하고 싶다.'라는 자서전적 산문시가 적혀 있었다.

일요일 밤 9시 뉴스시간이 지나면 출근생각에 마음이 어두워진다./ 매번 월요일 출근은 다른 날보다 유난히 낯설다./ 몸살감기가 독하다고 전화를 할까./ 그러면 다음날 출근이 더 어색하다./ 하긴 나는 어릴 적 학교에 다닐 때도 낯설어 했다./ 어느 봄날 아버지는 갑자기 쓰러지셨고/ 집안에 웃음이 사라진 그날 이후/ 나는 마당에 홀로 남겨진 화분이었다.//

키 작은 나는 언젠가 자전거를 사 달라 졸랐고/ 어머니는 이유를 알 수 없는 교통사고를 걱정하셨다/ 자전거는 내게 다른 세계로 넘어가는 다리였는데,/ 아직도 넘지 못한 다리 앞에 나는 자전

> 거를 타고 싶다./ 집 앞에 아버지는 건강하게 서계시고/ 어머니는 조심해 다녀오라 하시는데/ 돌아가신 누님은 웃으며 손을 흔든다./ 나는 힘차게 공기를 가르며 콧노래도 흥겹게/ 월요일에는 자전거를 타고 출근하고 싶다.//

남편은 오랫동안 병석에 누워계셨던 부친 곁을 홀로 지켰던 슬픈 추억들을 내게 종종 얘기했었다. 언젠가 "엄마는 40년 전에 나와의 약속을 아직도 기억하고 계실까?"라고 사연을 말하고 내게 물었다. "그럼요. 엄마는 당신과 약속을 절대 잊지 않고 분명히 기억하고 계실 거예요" 그러자 "아냐. 엄마는 그동안 힘들게 살아오셔서 나와 약속을 까마득히 잊고 계실거야" 하였다.

팔순노모는 힘든 삶 속에서도 맑고 고운 글을 평생 써오셨다. 몇 해 전에 당신의 『그리움의 나라』로 '한국수필문학상'을 자랑스럽게 받으셨다. 책 속에는 「병아리 아빠의 꿈」이란 제목으로 막내아들의 오랜 약속을 지켜주지 못한 아린 심정을 진솔하게 쓰셨다. 글을 읽은 우리 가족들은 모정의 애틋한 깊은 사랑에 가슴뭉클함을 느꼈다.

병아리 아빠의 사연인즉슨 막내아들은 어린 시절에 철사 구리를 모아 팔은 돈과 용돈으로 십여 마리의 병아리를 사서 정성껏 키웠다. 그것들을 팔아서 엄마한테 돈을 맡기면서 중학교에 가면 자전거를 꼭 사달라고 약속을 했었다. 중등학교 평준화 추천으로 집에서 4km가 족히 넘는 학교로 배정이 났다. 그는 어려서부터 몸이 약해 심한 차멀미로 차를 탈 수가 없기에 자전거를 타거나 걸어서 등교를 해야 했다.

하지만 노모는 아홉 살배기 둘째 아들을 교통사고로 잃었기에, 연약한 막내가 어른 자전거를 타고 달리는 모습은 상상하기조차 두려웠다. 꿈에 부풀어 있던 어린 아들을 설득하였는데 눈물을 흘리며 몹시 슬퍼하던 모습을 잊을 수가 없었다. 그날 이후 막내는 먼 거리를 불평 한마디 없이 걸어 다녔고, 병아리 판돈과 자전거 얘기는 다시는 하지 않았다고 한다.

당신은 아들에게 자전거의 꿈을 이루어주지 못함을 지금껏 아픔으로 기억하고 계셨다. 지천명의 막내는 지금까지도 어릴 적에 자전거의 꿈을 접지 않고 있을 것이라 하셨다. 자식에 대한 어떠한 기억도 절대로 잊지 못하는 존재가 부모이다. 고향집 앞에 자전포집을 찾아 값을 물어보고 언젠가 약속을 꼭 지켜주고 싶다고 마음의 실타래를 풀어 글을 쓰셨던 것이다.

몇 해 전에 노모는 남편이 병아리 키우던 옛 사연을 얘기하며 자전거를 꼭 사주겠다고 말씀하셨다. 남편은 활짝 웃으며 "엄마! 저하고 했던 약속을 정말로 잊지 안했네요. 여긴 복잡한 도회지라 자전거타기가 그래요. 말씀만으로도 선물을 받았으니 이젠 괜찮아요."라고 했었다.

노모는 혼자 재봉틀 하나로 4남매를 모두 대학까지 졸업시킨 장한 분이셨다. 아직도 자식들을 위해 더 많은 걸 해주지 못해 엄마의 가난한 손이 부끄럽다고 늘 말씀하신다. 당신의 거룩한 손길은 자식들이 인생을 올곧고 선하게 살아가도록 이끌어 주셨다. 당신의 새벽미명에 드리는 기도는 우리들이 세상을 살아가는 데 가장 든든한 산성이 되었다.

언젠가 남편이 내게 산악자전거를 갖고 싶다고 했지만 복잡한 도회지 거리가 위험하다고 말렸다. 그가 어릴 적에 갖고 싶었던 자전거의 꿈은 지난 추억에 대한 아득한 그리움으로 생각했었다. 실은 그런 남편에게 자전거를 간절히 사주고 싶었지만 비용이 만만찮아 여의치 못했다.

그러던 봄에 노모는 극구 사양하는 우리에게 좋은 자전거 두 대를 사주시고, 40년 전에 막내아들과 했던 약속을 이제라도 지켜서 마음이 홀가분하다고 하셨다. 어머니의 마음 한 구석도 헤아릴 줄 모르고 당신의 사랑은 당연한 듯 살아온 불효자식들의 가슴이 먹먹했다.

우리들은 주말이면 자전거를 타고 안양천을 거쳐서 한강으로 바람을 가르며 씽씽 달린다. 병아리 아빠의 꿈을 이룬 남편은 어릴 적에 모든 슬픔을 훌훌 떨쳐 버린 듯이 마냥 행복해 한다. 팔순노모의 사랑을 품고서 자전거를 타고 본 세상은 참으로 눈부시도록 아름다웠다. 우리 집 거실에는 산악자전거 두 대가 언제나 즐거운 외출을 고대하며 멋지게 서있다.

(2009. 수필문학추천작가선집 『사소한 몸짓의 그리움』)

새들도 잠든 미명시간에

세상 속에서 들려오던 온갖 소리와 귀뚜라미 작은 외침마저도 멈춘 초가을의 새벽녘이다. 숲 속을 날며 노래하던 작은 새들도 모두 단꿈을 꾸고 있다. 새들도 잠든 미명시간에 티끌 같은 존재를 창조주께 드러내 놓고, 감히 중보의 현을 붙잡고 새벽을 깨운다. 그러노라면 마음속에 얹혀있던 쓴 뿌리가 그분의 은총 속에서 치유되고 내 영혼에 새 힘을 얻는다.

어려웠던 신혼시절에 새벽기도를 다녔던 27년 전에 일이 어제처럼 생생히 떠오른다. 그날은 교회를 함께 다닌 옆집에 살았던 이모가 기척이 없으셨다. 이모가족은 엄마를 일찍 여윈 나를 곁에서 사랑으로 보살펴 주셨다. 교회까지 40여 분 걸리는 새벽길을 혼자서 걷고 있었는데, 컴컴한 골목길 어둠 속에서 한 청년이 불쑥 나타나서 "아가씨 나를 따라 오시오." 하였다.

눈앞이 캄캄한 상태였지만 순간 성령의 인도로 침착하게 그에게 말했다. "저는 아가씨가 아니라 임산부입니다. 제 복중에는 아이를 임신하고 있으며 집에는 사랑하는 남편이 있습니다. 아이를 위해 기도하러 교회 가는 중입니다. 가진 것이라고는 이 성경책 외에 당신에게 필요한 것을 주지 못해 미안합니다. 당신의 어려움을 위해 기도해 드리겠습니다."라고 말했다.

그러자 호전적으로 번득이던 그의 눈빛이 갑자기 수그러지고 정중히 사과를 하는 것이었다. "아주머니 정말로 죄송합니다. 가던 길을 가십시오."라고 앞을 가로 막아섰던 길을 활짝 열어주고 어둠 속으로 사라졌다. 지금도 그 순간을 생각하면 가슴이 떨려온다. 이렇게 내 인생의 굽이굽이를 돌아올 때마다 주님은 험난한 곳에서 항상 날 지켜주고 인도하셨다.

태어난 아이는 어려운 형편에 흔한 학원 한 번도 못 보내줬지만 자신의 앞길을 믿음 안에서 장하게 개척해 나갔다. 올 봄 총무처시행 전산직 9급 공채에서 수석 합격하여 N검찰청 발령을 받아 청렴한 아비 뒤를 이어 공직자가 되었다. 본인의 축복은 오직 주의 사랑과 부모의 기도 덕분이란 딸의 겸손한 믿음의 고백을 통해서 가난하고 미욱한 어미를 비로소 철들게 하였다.

그동안 건강을 자신하던 남편이 불시에 병이 나서 힘든 시련을 겪고 있다. 그는 "신께서 교만했던 나를 사랑하여 세상에서 마지막으로 주신 크나큰 선물이다."라고 고백한다. 우리에게 위기를 통해 믿음 안에서 서로를 더욱 사랑할 수 있는 기회를 주심에 감사를 드린다. 내게 맡겨진 소임은 마지막 순간까지 기도의 현을 붙들고 새벽미명을 깨우는 겸허한 삶을 살고 싶다.

기도를 마치고 집으로 돌아올 즈음 칠흑 같은 어둠은 걷히고, 잠에서 깨어난 새들은 나뭇가지 위에서 즐겁게 노래한다. 새들의 고운 지저귐을 듣노라면 허물 많은 자에게 끝없이 베푸시는 주의 은총에 감사의 찬양을 힘차게 따라 부른다. 사람이 마음으로 제 갈 길을 계획할지라도, 모든 일을 선하게 인도하고 이끌어 주시는 분은 항상 내 곁에 계셨음을 확실히 앎이라. 기도는 나의 힘이고 전부이다.

(2008. 11)

3부

꽃은 향기로 말한다

· 인간에게도 수많은 사람들 속에서 자신의 존재를 각자 다른 향기로 나타낸다. 하지만 사람의 향기와 꽃의 향기는 같은 의미가 아니다. 꽃은 시각과 후각으로 존재를 인식할 수가 있지만, 사람은 내면에서 흘러나오는 인품과 행실의 영적향기에 따라서 다양한 평가를 받는다.

란희의 꿈꾸는 세상은

"딩동 딩동!" 해질녘 우리 집 현관에서 벨이 울렸다.

"컹컹 컹컹! 할머니! 우리 할아버지가 방금 회사에서 퇴근하여 돌아오셨어요."

"오, 그래. 그래. 우리 귀여운 란희야, 오늘도 할머니 말 잘 듣고 엄마랑 잘 놀고 있었니?"

"알았다 이젠 그만 짖고 이리 오렴. 쉿, 온 동네사람들이 우리 집에 난리 났다고 하겠구나."

안녕하세요? 저는 황금빛푸들 아빠와 흑색푸들 엄마사이에서 태어난 우리 집에 귀염둥이 란희예요. 저는 여덟 살 먹은 연한 살구색깔 미니어쳐 푸들인데 사람들은 예쁘다고 한 마디씩 해요. 엄마 닮은 오빠와 여동생은 어려서 다른 집으로 입양을 떠날 때 엄마가 많이 슬퍼했어요.

우리 엄마 이름은 '환희'이구요. 나이가 열 살이라 까만 털에 흰

털이 희끗희끗 생겨서 우리할머니와 만만치 않아요. 실은 엄마는 애견농장에서 태어 난지 보름 만에 고모친구 현선이모에 의해서 우리 집에 입양 되었대요. 처음에는 무척 슬펐지만 온 가족의 사랑 안에서 동화 속에 이야기처럼 이곳에서 막내딸이 되었답니다.

우리 가족은 당차고 똑똑한 울 엄마, 내가 젤 좋아하는 할머니, 귀엽다고 가끔씩 제 코를 잡아당기는 정 깊고 다정한 할아버지, 우리들의 건강 체크에 주사를 안 아프게 놔주는 예쁘고 착한 고모, 다정다감하고 멋진 시를 잘 쓰는 시인 미남삼촌. 이렇게 여섯 식구가 거실에서 구름산, 진달래산, 도덕산이 한 눈에 보이는 H아파트 15층 꼭대기에서 행복하게 살아가고 있어요.

저는 어릴 적부터 몸이 약해서 우리 가족들이 걱정을 많이 했어요. 엊그제도 배탈이 나서 음식을 모두 토하자 할머니는 "우리 예쁜 란희 배는 똥배, 할미 손은 약손이다."라고 배를 쓸어줬어요. 할머니의 따뜻한 손길은 아픈 배가 거짓말처럼 금방 낫는 것 같았어요.

온 가족이 큰 상 위에 맛있는 음식과 고기를 구어 먹고 즐거운 대화를 나누며 화목할 때가 제일 좋아요. 우리들도 가족 곁에 얌전히 앉아있으면 항상 마늘을 넣고 삶은 고기를 먼저 주세요. 근데 정이 많은 할아버지는 구운 고기를 식혀서 우리들 입 속에 살며시 한점씩 줄 때는 그 맛이 꿀맛인데요. 할머니는 우리들 건강에 해롭다고 아쉽게 말려요.

쉿, 이건 비밀인데요. 아침에 할머니가 "여보, 잘 다녀오세요." 라고 할아버지를 포옹하면 엄마는 시샘부리고 막 짖어댄답니다. 할아버지를 무척 좋아하는 엄마는 아마도 할머니를 라이벌로 생각하는 것 같아요. 그러면 할머니는 "당신은 참 행복하시겠어요. 저렇게 예쁜 여자가 당신만을 좋아해줘서요." 그러면 할아버지는 기분 좋게 "껄껄껄" 웃고 회사에 출근하세요.

근데 저에게는 떠 올리기 싫은 기억이 하나 있어요. 하루는 세상구경을 하고 싶은 호기심이 생겼는데, 삼촌친구들이 놀러와 열어 놓은 문을 통해 밖으로 나가서 놀았어요. 집에 돌아오려고 사방을 아무리 둘러봐도 우리 집과 똑 같이 생긴 아파트 현관문만 나란히 있지 뭐예요.

저는 말로만 듣던 미아가 되었다는 생각에 겁이 나서 후회하고 울면서 주변을 헤매다가 계단을 막 올라갔어요. 그런데 더 이상 오를 수가 없는 아파트 옥상 구석 끝에 다다르자 두렵고 무서워서 저절로 그곳에 실례를 하고 말았어요. 혼자 망연자실 서럽게 울다 지쳐 푸른 하늘에 떠 있는 흘러가는 뭉게구름을 바라보고 앉아있었어요.

바로 그 때 우리 할머니가 어떻게 알고 그곳까지 나를 찾아서 왔지 뭐예요. 너무 반가워서 소리 지르며 할머니 품으로 달려가 안겼습니다. 할머니는 나를 얼른 품에 안고 제 얼굴을 빰에 비벼대며 하염없이 눈물을 흘렸어요. 지금도 할머니의 따뜻한 품안을 잊지를 못합니다. 글쎄 우리가족은 저를 찾기 위해서 온 동네가 난리가 났었데요.

저는 집에서 엄마랑 공놀이가 무척 즐겁지만 엄마랑 산책 나가는 것을 더욱 좋아해요. 할머니가 식사준비로 바쁘실 때는 할아버지와 나가게 되면, 저는 할머니한테 소리 지르며 막 떼를 쓰곤 해요. 그러면 할머니는 빙그레 웃으면서 "예쁜 우리 란희, 엄마랑 할아버지 손잡고 바람 쐬고 오렴. 담에는 꼭 함께 나가자. 착하지 란희야." 하세요.

하지만 집 밖을 나갈 때는 왠지 예전처럼 길을 잃을까봐 두려워서 할머니 곁에 바짝 붙어서 걸어간답니다. 우리 동네 놀이터와 아파트길가 부근에는 주변에 사는 친구들이 곳곳에 표시를 해놓았어요. 그곳에 내 존재를 확인하는 영역표시로 소변을 볼 때는 기분이 으쓱해져요.

우리 푸들모녀가 산책을 나가면 사람들이 우리의 멋진 모습에 반해서 곁으로 모여들어요. 할머니가 털로 멋지게 부분 미용한 모습은 정말 아름다워요. 보글보글한 털을 길러서 목도리, 망토, 팬티 모양으로 디자인하고 털 장화를 신은 모습은 정말 멋진 대요. 실은 제 몸에 이발기가 닿으면 신경이 쓰여서 싫어하지만 우리 할머니의 정성에 잠시 참는답니다.

요즘 집 앞에 있는 진달래산에 산책로가 생겨서 할머니와 엄마랑 산책을 다니게 되었어요. 이곳은 봄이 오면 야산 전체가 아름다운 진달래꽃동산입니다. 시원한 바람이 불어오는 숲 속은 온갖 야생초들이 우거져서 정말로 아름다워요. 숲에서 매미들이 우렁차게 울어대는 여름이라 뜨거운 해가 지고 나서야 즐거운 산책을 하거든요.

어느 날, 산책로 주변에 검은색 비닐하우스 속에서 많은 우리 종족들의 비명이 뒤엉켜서 울부짖는 소리가 들려왔어요. 무더운 날씨에 바람도 통하지 않는 좁은 우리 안에 갇혀서 지내다가 가끔씩 철장에 넣어 어디론가 실려 갔어요. 저들은 우리가 세상에 살아있다는 사실이 얼마나 아름다운지 그런 생각 따위는 사치라고 외치는 듯하였어요.

그들의 고통스런 비명소리에 할머니와 우리들은 발걸음을 재촉하며 그곳을 서둘러 지나쳤어요. 어쩌면 우리들이 누리는 행복이 그들에게 미안하다는 생각이 들었어요. 문득 우리 같은 작은 미물들도 아름다운 대 자연 속에서 사람들과 더불어 행복하게 살아갈 수 있다면 얼마나 좋을까요. 생명이란 무엇보다도 가장 소중함을 아는 따뜻한 세상을 잠시 꿈꾸어봅니다. (2010. 8. 11)

가족의 의미

우리 푸들 모녀는 우리 집에서 가장 중요한 임무를 맡고 있어요. 가족들이 외출했다 집에 돌아오면 반갑게 맞는 일과 집을 지키는 일은 몸이 아파도 당장 뛰어가서 꼭 확인합니다. 우리는 불철주야 철통같은 집지킴이로 가족들에게 평안을 주는 일에 큰 보람을 느낍니다.

저는 우리 집에 귀염둥이 란희예요. 우리할머니는 늘 글을 쓰거나 책을 읽고 있어요. 가끔씩 외출하면 문 앞에서 기다렸다 품속으로 와락 달려들어요. 그러면 "예쁜 내 새끼 란희야, 엄마랑 안 싸우고 잘 놀았어?" 하고 얼른 품에 안고 제 볼에 "쪽" 뽀뽀를 해주면 기분 최고예요.

할머니가 컴퓨터책상 앞에서 오랫동안 글을 쓸 때는 의자에 함께 앉혀달라고 끙끙대며 떼를 씁니다. 그러면 좁은 의자 한쪽에 앉혀서 완성된 글을 읽어줄 때는 저도 작가가 된 기분이 들어요.

할머니가 지쳐 있을 때는 볼에 뽀뽀하고 손을 핥아주며 위로해줘요. 저는 항상 할머니에 대한 절대적인 신뢰의 따뜻한 눈빛교감을 세상에서 가장 좋아해요.

그래서 할머니를 졸졸 따라 다니고 곁에 함께 있는 걸 무척 좋아합니다. 그런 저를 가족들은 "란희는 할머니의 스토커" 라고 별명을 지어줬어요. 할머니의 따뜻한 품에 안겨 있는 저를 누군가가 시샘내고 괴롭히면, 세상에 겁나는 일이 없어 막 대들어요. 가족들은 그런 제 모습이 귀엽다고 웃음을 활짝 터트리고 즐거워하면, 저는 기분이 좋아서 볼에 뽀뽀를 해줍니다.

혹시 이런 말을 들어보셨나요? '개 목숨', '개 꽃이 피었네', '개소리 하네', '개보다 못한 자' 라고요. 우리 개들은 인간의 역사가 시작되면서 15,000년 전부터 그들 곁에서 오직 충성과 봉사로 모든 걸 아낌없이 내어주며 함께 살아왔습니다. 때로는 그들에게 학대멸시와 토사구팽을 당하기도 하지만, 우리들은 인간을 사랑하기에 절대로 배신을 하지 않는답니다.

이웃 아저씨는 우리 할머니에게 이런 얘기를 하였어요. 고향에서 건강이 안 좋으신 노모를 위해 키우던 황구를 잡게 되었대요. 기절하여 쓰러져 있더니 물이 끓는 솥에서 뛰어나와 주인에게 다가와서 꼬리를 막 흔들더래요. 자신을 죽이려고 했는데도 한결같은 충성에 아저씨의 가슴이 몹시도 아팠다며 '개는 잡아먹어서는 안 되는 그런 존재로구나.' 라고 깨달았데요.

아실지 모르지만 우리 견공에게 오륜이 있다는 걸 들어 보셨는지요. 즉 주인을 절대로 배신 안하는 것(君臣有義), 큰 개에게 작은 개가 대들지 않는 것(長幼有序), 저처럼 아비의 털빛을 새끼가 닮는 것(父子有親), 때가 아니면 암수가 어울리지 않는 것(夫婦有別), 한 마리가 짖으면 온 동네의 개가 모두 짖는 것(朋友有信)을 말해요. 우리 개들도 이렇게 오륜을 지키거늘 만물의 영장인 사람들이 그리 못한대서야 세상에 개보다 못한 자"라는 소리를 듣지요.

인간들은 자신의 끝없는 욕망 앞에 권모술수가 난무하고 배신을 밥 먹듯이 한다더군요. 그러면서도 별로 좋지 않은 선입감이나 인간 못된 짓을 우리 개들한테 덧씌워 빗대는 것일까요. 아무튼 세상에는 우리보다 못한 자들이 많은 것은 사실인가 봐요. 그러면서도 아이러니하게 자신의 가장 사랑하는 자식을 향해서 "에구, 예쁜 내 새끼 우리 강아지!"라고 한답니다.

우리 가족의 일인데요. 얼마 전에 평소 친구처럼 다정했던 할머니와 고모가 심하게 다투는 것을 난생처음 보았어요. 우리 모녀는 제발 싸우지 말라고 큰소리로 짖었어요. 둘의 대화를 살며시 엿들어보니 고모가 이렇게 말하는 거였어요. "인정이란 어디 그리 쉽게 무 자르듯 쉬운가요. 사람을 좋아하는데 세상에 무슨 조건이 그리도 많은 거예요"라고 울면서 소리쳤어요.

할머니는 "이 철부지야. 어미도 세상에 속된 부모가 되고 싶지 않지만, 사람의 만남과 결혼이란 심사숙고가 꼭 필요하단다. 네 마음을 이해 못하는 것은 아니지만 교제를 허락하지 못하겠구나." 라고 말씀하셨어요. 전 노처녀라 한 번도 사랑을 못해봐서 뭔 말인지 이해가 안돼요.

밤늦도록 거실에서 홀로 앉아 있는 할머니한테 살며시 다가가자 저를 꼭 껴안고 "우리 란희가 할미를 위로하러 왔구나."했어요. 이때 고모가 다가와서 "엄마, 걱정을 끼쳐드려 죄송해요. 무슨 말씀인지 잘 알았어요." 할머니는 "그래. 시간을 더 두고 다시 한 번 생각해보기로 하자." 저는 고모에게 잘 어울리는 착하고 좋은 사람을 꼭 만나서 행복하기를 응원했어요.

저는 엄마와 함께 살아서 참 행복해요. 우리 엄마가 냉정하고 당찬 성격이지만 맛있는 음식이 있으면 저랑 꼭 함께 먹고 자신이 더 먹으려고 절대 욕심 부리지 않아요. 그런 우리 엄마하고도 가족들의 사랑을 서로 많이 차지하려는 욕심 때문에 종종 말릴 때까지 심하게 싸워요. 그렇지만 할머니와 고모처럼 저희들도 아무 일 없는 것처럼 곧바로 화해해요.

식탁아래에서 영역다툼이나 엄마가 할머니 곁에 있으면 시샘이 나서 엄마한테 달려들어요. 그러면 엄마도 평상시에는 저를 끔찍이 아끼다가도 제 코와 볼을 사정없이 물어뜯어요. 가끔 이유 없이 제게 먼저 달려들기도 하지만 그래도 우리 엄마가 세상에서 제일 좋아요. 지금도 엄마는 내가 아파서 비명을 지르면 가장 먼저 달려와서 저를 살피며 어쩔 줄을 몰라 해요.

가족이란 생물학적 혈연을 기반으로 형성된 가장 원초적인 공동체 단위를 말한답니다. 이는 서로에게 삶을 살아가는 의미와 힘의 원천이 되는 사랑하는 하나의 지체입니다. 하지만 우리처럼 혈연과 개체가 다를지라도 함께 살아가면서 서로 사랑하는 가족을 이루기도 합니다. 아무튼 세상에서 가장 소중한 존재는 바로 가족으로 사랑의 결정체라고 생각합니다.

할머니는 무더위에 시름시름하던 저를 안고 동물병원을 찾았는데요. 수의사는 자궁내막에서 생긴 염증독성으로 생명이 위험하다하여 바로 수술을 하게 되었어요. 저는 작은 아픔에도 참지 못하는 여린 성미인데, 가족과 헤어지는 것이 싫어서 몹시 아파도 참기로 결심했어요. 꿈꾸는 듯 희미한 의식 속에서 할머니가 저를 애타게 부르는 소리에 안간 힘을 다해 눈을 떴어요.

사방이 어두워지자 할머니 품에 안겨서 엄마와 산책하던 길을 따라 정든 우리 집으로 돌아왔어요. 온 가족이 급히 달려와 내 곁에 다가와서 근심어린 사랑의 눈빛으로 견디기 힘들어하는 저를 바라봤어요. 할머니의 "귀여운 내 새끼 우리 란희야 부디 조금만 힘을 내거라. 사랑한다."라는 간곡한 음성은 잠시 후에 갑자기 통곡으로 변해버렸어요.

저는 세상에서 가장 사랑하는 우리 가족들과 아름다운 인연에 행복했노라. 사랑한다는 말 한마디도 전하지 못하고 깊은 잠 속으로 안타깝게 빠져들었습니다. 세상만물의 생사화복을 주관하시는 그분의 주권아래 우리는 여기서 영원한 이별을 하게 되었어요. 밤하늘에 백중을 맞은 보름달은 슬픔에 빠진 우리 가족들을 말없이 품안에 감싸며 위로하였습니다. (2010. 8. 20)

*작가후기: 자식 같았던 어린 란희를 갑자기 보내고 일주일을 물만 먹고 울며 안타까움에 애간장을 태웠다. 사랑하는 존재에 대한 이별의 상실이 내 탓인 양 무척이나 고통스러웠다. 바위 덩어리의 짓눌림 같았던 슬픔은 란희의 심정으로 이 글을 쓰면서 번뇌의 속박 속에서 조금씩 벗어날 수가 있었다. 가족들이 할머니한테 가라면 내 품안으로 뛰어들던 여린 생명을 도저히 잊을 수가 없다. 란희를 통해서 가족의 진정한 의미를 더욱 깊게 깨달았다.

영원한 물음

"사랑하는 아가야, 지금까지 엄마의 품에서 착하고 예쁜 딸이 되어줘서 행복했다. 밝은 빛을 따라 곧장 천국을 향해 가거라. 가다가 도중에 해찰하지 말고 엄마 얘기 꼭 귀담아 들어야 한다. 아픔이 없는 천국에서 부디 행복해라. 내 예쁜 아가야. 사랑아 잘 가거라."

"사랑하는 예쁜 딸아. 아빠의 영혼을 구원 받게 해놓고 네가 먼저 떠나는구나. 너에게 많은 사랑을 못주고 서운하게 했던 일들, 널 지켜주지 못하고 떠나보냄을 부디 용서해다오. 아빠와 우리 가족은 영원히 널 사랑한다는 걸 잊지 말거라. 영원히 사랑하는 나의 딸 사랑아…."

누가 이런 상황을 보고 한치 앞을 알 수 없는 괴로움의 연속이 인생이라 말하지 않겠는가. 회자정리(會者定離), 생자필멸(生者必滅)이라고 하였다. 인간은 만나면 언젠가는 반드시 헤어지기 마련이고 태어난 것은 반드시 죽는다. 우리에게 주어진 삶을 내 뜻과 맘대로 할 수가 없다. 생명을 주신이도 거둬 가시는 이도 오직 만물을 창조하신 창조주의 권한이다.

오랫동안 성장과 투병을 지켜보았던 사랑이의 예견치 못한 소천소식을 듣고 H병원으로 뛰어갔다. 병실에서는 사랑하던 딸에게 마지막을 고하는 부모의 애끓는 목소리가 들려왔다.

열일곱 살의 소녀는 백혈병으로 4년 동안을 골수 이식과 힘든 투병생활을 해왔었다. 이웃들의 따뜻한 사랑에 힘입어 치료 받으며 경과가 좋아졌는데 뜻밖에 비보를 듣게 되었다. 아이는 어릴 때부터 똑똑하여 학교에서 전교 1등을 차지하여서 가난한 부모에게 자랑스러운 딸이었다.

몇 해 전에 교회에서 교구를 맡아 삼년 동안 교구장으로 봉사하던 때가 있었다. 그 즈음에 사랑이가 병원과 집을 번갈아가며 힘겹게 투병생활을 하여 심방을 다녔다. 장래에 슈바이처 같은 의로운 의사가 되어 병든 어려운 이웃을 꼭 돕겠노라고 기도를 부탁했었다. 그런 사랑이가 꿈을 꽃피우지도 못하고 참으로 애석하게도 주의 부르심에 본향으로 돌아갔다.

사랑이 아빠의 하나님께 심령으로 드리는 뜨거운 기도가 오래도록 그칠 줄을 몰랐다. 그는 '사랑의 리퀘스트'라는 TV프로를 통해서 많은 이웃들의 참된 사랑을 깨달았다. 그렇게 새롭게 변화되어 날마다 어려운 이웃과 연약한 딸을 위해 새벽기도를 했다고 한다. 그는 사랑하는 딸을 이별하는 힘든 고통의 순간에도 흩어짐이 없이 의연했다.

그의 모습에서 욥기 1장 21절의 말씀이 떠올랐다. "내가 모태에서 알몸으로 나왔사온즉 또한 알몸으로 그리로 돌아가올지라. 주신 이도 여호와시오, 거두신 이도 여호와시오니 여호와의 이름이 찬송을 받으실지니이다." 라는 욥의 고백을 보았다. 살아오면서 수많은 슬픔 중에서 이런 믿음의 사람을 만나보지를 못했다. 비록 사랑이의 짧은 생이었건만 주의 크신 계획하심이 이들 가족을 통해서 구원의 확신과 소망을 느낄 수 있었다.

어느 누구라도 생을 마지막 떠나가는 모습은 모두가 애석하고 슬픈 일이다. 천륜관계인 어린자녀를 먼저 앞세워야 하는 부모의 애끓는 심정 앞에 자식을 둔 어미로써 차마 할 말을 잊었다. 활짝 피어 보지도 못하고 떠나야 하는 사랑이의 영혼 앞에서는 애통하기 그지없었다. 내가 살아있음이 참으로 형용할 수 없는 고통으로 전해져 왔다.

문득 30년이 가깝게 다가오는 오랜 일이 가슴 아리게 떠올랐다. 광복절에 딸아이 밑으로 아들을 연년생으로 낳게 되었다. 아이는 심장이 연약하여 태어나자마자 얼굴도 못 본채, 인큐베이터 방이 있는 소아병원이 있는 다른 곳으로 급하게 옮겨갔다. 내 곁을 떠나서 며칠 후에 아이는 싸늘해진 채 남편의 품안에 안겨 집으로 돌아왔다.

철없는 엄마는 어린 아들의 얼굴을 평생 기억하는 것이 두려워서 핏덩이를 가슴에 안고 마냥 망연자실 했다. 그런 내게서 남편은 아이를 빼앗아 집 뒷산의 양지바른 곳에 묻어줬다. 몇 해를 지나 주의 은혜로 건강한 아들을 다시 품에 안을 수 있었지만, 여전히 꿈속에서 얼굴을 모르는 아이를 안타깝게 찾아서 길을 잃고 헤매곤 하였다.

사람들은 이렇듯 여러 형태로 영혼의 아픈 상처들을 각자 가슴에 품고 안으로 삭히면서 그렇게 조용히 살아간다. 세상에서 한 번도 슬픔을 겪어보지 않은 사람은 어느 누구도 없다. 인생이란 모두에게 불공평한 것 같아도 마지막 죽음 앞에서 결국은 공평할 수밖에 없는 것이다.

사랑이를 보내고 돌아오면서 과연 인생이란 어떻게 살다가 죽어야 하는가. 라는 영원한 물음 앞에 상념의 발걸음을 멈추었다. 문득 '내게 그리 아니하실지라도' 라는 변함없는 믿음으로 오직 기도로 평생을 살아오신 팔순의 어머님이 생각났다. 당신의 신실하신 모습은 오늘도 내가 살아가야 하는 소망으로 마음 자락에 다가왔다.

(2008. 2. 『Fashion Journal』)

나에게 문학이란 무엇인가

문학의 정의란 사상이나 감정을 언어로 표현한 예술. 또는 그런 작품. 시, 소설, 희곡, 수필, 평론 등을 말한다. 나에게 문학이란 어릴 적부터 가만히 듣기만 해도 언제나 가슴이 설레었다. 덕유산 남쪽기슭에 오지산촌이었지만 대자연의 넉넉한 품에서 보냈던 유년시절이 나의 문학의 발원이었다. 수해로 몰락하여 가난했지만 늙으신 부모님과 나이 차이가 많았던 6남매 형제들 속에서 쉰둥이막내로 많은 사랑을 받으며 자랐다.

어린 시절에는 책을 읽는 일이 가장 즐거워서 소원은 많은 책을 독서하는 일이었다. 글 쓰는 일이 행복한 것은 월남전을 다녀와 소설을 쓰던 막내오빠의 영향을 많이 받았다. 초등학교 5학년 때 '논개제전'과 '소년 중앙일보' 글짓기대회에서 입상하여 전교생 앞에서 상을 받았다. 이후부터 문학가의 꿈을 키웠건만 그 소망을 이루기에는 너무나 먼 곳에 있었다.

내게서 멀어졌던 꿈은 글 쓰는 문인이 많은 시대가족들과 대화를 나눌 때마다 떠올렸다. 어머니는 고난과 역경 속에서 믿음으로 살아오신 주옥같은 수필을 쓰셨다. 세 며느리를 친딸처럼 여기며 천사라고 부르는 당신은 여든 나이에 '한국수필문학상'의 영광을 이뤄내셨다. 어머니의 많은 글을 수없이 읽으면서 나도 글을 쓸 수 있다고 감히 생각을 해봤다.

몇 해 전 봄에 고향 동창들과 약 40년 만에 재회하여 만남의 감동을 밤새워 글을 써서 동창홈페이지에 올렸다. 오랜 세월을 되돌리듯 친구들과 잠시 가깝게 소통하는 매체가 되었건만, 원치 않았던 진통 속에서 헝클어진 우정의 실타래를 pen으로 풀어갔다. 돌아보면 몹시도 힘겨웠지만 오히려 불의에 굴하지 않고 열정적으로 글을 쓰게 된 소중한 계기가 되었다. pen은 창검보다 위대하기에 정의로워야 한다는 의미를 절실하게 깨달았다.

수필은 작가자신의 체험을 통해서 느낀 그대로를 거짓 없이 써내려간 논픽션(nonfiction)이며 따뜻한 인간적인 정(情)의 문학이다. 글의 실체적인 거울 속에 비춰진 자신을 객관적인 입장에서 평가하고, 나의 전부를 드러내어 놓고 말하며 책임지는 일이었다. 글을 쓰면서 삶 속에 애증의 쓴 뿌리들이 과거와 현재를 하나로 연결시켜 용서와 화해의 고리로 연결이 되었다.

글 쓰는 작업은 나의 정신과 영혼을 보다 맑고 깨끗하게 성찰하며 정화시키는 과정이 되었고, 거듭남을 위하여 고뇌의 심연에 빠져야 하는 일이었다. 글을 처음에는 겁없이 썼지만 쓸수록 구도자의 절실한 고행처럼 참으로 어렵고 힘겹기만 하였다. 하지만 독자에게 정신적인 활동근거를 작가의 의도에 의해 좌우하므로 큰 보람을 느꼈다.

인정이 메마른 삭막한 곳에는 따뜻함을, 무질서한 사회에 절제의 방향을 제시하는 글을 사명감을 갖고서 쓰려고 항상 의식한다. 내가 훗날 세상에 없을지라도 시대를 초월하여 사랑하는 자손들과 독자와의 아름다운 만남은 얼마나 멋진 일이 아니겠는가. 이러한 일이야말로 소멸되지 않고 글을 통해서 존재하는 영원으로 이어지는 소통이 가능하게 된다.

인생의 멋진 마무리를 위해 각고의 노력을 하듯이, 한편의 글도 퇴고에 따라 좋은 글과 잡문으로 탄생한다. 퇴고(推敲)란 문장을 다듬고 어휘도 적절한가를 두루 살피는 일을 말한다. 퇴고의 유래에는 당나라의 시인 가도(賈島)가 나귀를 타고 가다가 시 한 수가 떠올랐다.

鳥宿池邊樹 僧推月下門.
'새는 연못가 나무에 자고 중은 달 아래 문을 민다.'

문득 가도는 달 아래 문을 민다보다는 두드린다고 하는 것이 어떨까 하고 결정을 놓고 골똘히 고민하다가 경조윤(현 서울시장)의

벼슬인 한유의 행차 길을 침범하였다. 한유 앞으로 끌려간 그가 사실대로 이야기하자 한유는 노여운 기색도 없이 한참을 생각하더니 "역시 민다는 퇴(推)보다는 두드린다는 고(敲)가 좋겠군."하며 가도와 행차를 나란히 하였다고 전한다.

이처럼 퇴고는 글의 엉킴과 과감하게 버려야 할 문장선택에서, 대문을 밀까 두드릴까를 수백 번을 고뇌한다. 밤새워 퇴고를 하다가 문득 어디선가 진심어린 한유가 나타나기를 기대한다. 행여 시인 남편과 문학도 아들에게 슬쩍 운을 띄워 보련만 끝내는 자신이 결정해야 한다.

작가에게 퇴고는 가장 벅차고 고통스런 산고의 진통이지만, 옥동자를 순산하는 기쁨의 마지막 과정이기에 이 작업을 나는 가장 사랑한다. 이처럼 각고 끝에 탄생된 한 편의 수필은 작가의 종교, 사상, 철학, 학식, 인격, 성품 등 내면의 모든 것을 드러내어 보여준다.

오늘도 내 안에서 새 생명으로 태어날 수많은 글들은 세상에 나오겠다고 아우성치지만 나는 이들을 조심스레 가만히 말린다. 이들을 건강하고 아름답게 순산하기에는 나는 아직도 미숙하여 더 많은 깊은 사유를 통한 자아성찰과 영적인 성숙이 필요하기 때문이다.

사시사철에 변화하는 자연과 혼자 감당하기 벅찬 일상의 매순간에도 글의 소재를 찾는 자신을 발견한다. 좋은 글을 못 쓰고 능력의 한계에 부딪칠 때는 암담할 때가 많지만, 새로운 구상으로 다시 상상의 나래를 펼친다. 끝없이 탐구하며 열중할 때가 가장 보람되고 행복한 순간이지만, 손에서 pen을 내려놓고 있을 경우에는 내 삶에서 가장 힘겨운 시기를 맞는 때이다.

조용히 생각해보면 사람이 무엇인가를 고뇌하며 산다는 일은, 세상에서 가장 소중하고 보람 있는 아름다운 삶이라고 생각한다. 문학이란 나의 어릴 적 꿈을 이루었고, 좋아하는 글을 쓰도록 남은 여정에 동반자가 되어줘서 무척이나 행복하다. 이러한 축복을 미욱한 자에게 아름다운 소명으로 허락하신 주님의 은총에 항상 감사를 드린다. 당신의 변함없는 크신 사랑을 가녀린 작은 풀꽃에서도 느낄 수 있도록, 연약한 심령을 맑고 따뜻하게 가꾸며 살아가고 싶다.

댓돌 위에 신발이 가지런히 놓여 있으면 방안에 따뜻한 생명의 실체를 무언으로 느낀다. 이러하듯 소망이라면 내 영혼의 기도로 쓴 글이 독자의 마음속에서 따뜻하고 소박한 향기로 오래도록 여운을 남겼으면 한다. (2009. 2)

봄을 꿈꾸는 나목

겨울은 하늘에서 함박눈이 펑펑 쏟아질 때에 계절다운 매력을 느낀다. 그동안 눈 소식 하나 없더니 오랜만에 천지가 하얗게 온통 눈꽃 세상이다. 눈 속에 포근하게 안겨있는 모든 만물은 근심 걱정이 없는 평화로운 모습이다. 하늘에서 나풀나풀 하얀 눈이 내려와 세상 모두에게 구별 없이 똑같은 옷을 입혀 줄 때는 마음이 평안하다.

올 겨울은 지난해에 불어 닥친 세계적인 경제 불황으로 우리들의 몸과 마음을 더욱 춥게 한다. 각 나라마다 경제와 증시가 곤두박질을 하고 이 와중에 우리 경제도 아우성이다. 침체되어 있는 경기회복의 기미는 보이지 않고 어둡기만 하다. 와중에 새 정부의 미숙함은 있는 자를 위할 뿐, 힘없는 서민들의 고달프고 힘든 삶에는 근심만 보탠다.

가장들이 고용대란을 겪으며 사오정으로 길거리에 내몰려 일자리를 찾아서 헤맨다. 높은 학력과 능력으로도 젊은 인력들을 수용하기가 어려운 취업난은 이태백의 신조어가 말한다. 갈수록 각

박해진 세상에서 살아 남기위한 무한경쟁의 현실이 안타깝기만 하다. 어쩌면 장엄한 겨울을 이겨내고 있는 나목들의 심정과 비슷하다는 느낌이다.

삭막한 겨울을 견뎌내는 나목들의 장한 모습은 우리의 마음을 경건하게 한다. 고통스런 때를 저들이 견딜 수 있는 힘은 돌아올 봄에 대한 희망이다. 봄을 꿈꾸는 나목은 비바람 몰아치는 삭풍과 어떠한 상황이 닥쳐와도 묵묵히 이겨낸다. 인생이란 누구에게나 굴곡 없는 삶은 없다. 다만 고난을 극복해 나가는 데에 진정한 삶의 의미가 있는 것이라고 생각한다.

우리들에게 닥친 현실이 아무리 힘들고 어려울지라도 각자의 옷깃을 단단히 여미도록 하자. 우리들의 마음속에 가만히 스며있는 절망을 몰아내고 희망찬 미래를 향해 꿈을 갖자. 어둠은 깊을수록 새벽은 가깝고 겨울이 아무리 춥다할지라도 봄날은 기어이 돌아오는 법이다. 매서운 세상세파에 밀려 웅크린 우리의 마음속에 용기를 갖고 새 희망을 품자.

살을 에는 듯한 삭풍에도 항상 당당하게 온 몸으로 맞서는 겨울나목들처럼 우리들에게 다가온 어려움의 때를 잘 참고 견뎌내자. 머잖아 꽁꽁 얼어있던 땅 밑에서 희망의 푸른 싹은 돋아나고, 영영 녹지 않을 것 같았던 얼음장 밑에서 봄은 반드시 찾아온다. 이처럼 따뜻한 봄날을 간절하게 기다리며 소망하는 자에게 꿈은 꼭 이루어지리라. (2009. 2. 16)

새 노래를 위하여

작열하는 태양아래 모든 사물들의 움직임이 멈춘 한나절이다. 바람 한 점 없는 정지된 시간 속으로 매미들의 우렁찬 생의 찬가가 들려온다. 고난과 시련을 이겨낸 매미들이 밤낮없이 쉬지 않고 자유를 노래 부른다. 숨 막히는 듯한 삼복더위에 시원한 노래소리는 지쳐있는 모든 만물에게 위로를 준다. 힘찬 노래 속에는 시원한 바람소리와 맑은 물소리가 흘러나온다.

매미는 굼벵이로 6년~17년 동안을 땅 속에서 생활한다. 나무뿌리의 즙을 먹고 살다가 땅위로 올라와 허물을 벗고 성충이 된다. 이처럼 새로운 개체로 변신하여 신생을 살기에 재생의 부활과 탈속의 의미로 표현한다. 한 달 정도 짧은 생을 이슬만 먹고 열정적으로 노래를 부른다. 찬란한 여름날의 푸른 숲들은 이슬만 먹고 살아가는 매미를 위한 왕국은 당연하다.

이러한 매미를 일컬어 머리에 관(冠)의 끈이 늘어진 현상의 문

(文)이 있고, 이슬만 먹기에 청(淸)이 있다. 곡식을 먹지 않아 염(廉)이 있고, 집을 짓지 않아 검(儉)이 있고, 허물을 벗고 절도를 지켜서 신(信)이 있어 오덕(五德)을 갖춘 군자지도(君子之道)를 상징한다. 부정적 의미로는 쓸데없는 의논과 글을 두고 매미의 울음소리에 빗대어 와명선조(蛙鳴蟬噪)라 한다.

매미소리가 들리지 않는 여름은 얼마나 무의미하고 삭막하리오. 누가 태양에게 시원한 바람과 빗줄기를 간곡히 재촉할까. 땅속에서 그토록 그리웠던 태양과 푸른 하늘을 맘껏 날고 싶었던 자유였던가. 애벌레의 추한 모습에 모두가 손가락질을 했지만, 이처럼 멋진 날개달린 매미가 될 것을 아무도 몰랐으리라. 고난과 역경을 극복한 이들에게 힘찬 박수를 보낸다.

매미는 내게 옛 사람의 추한 허물을 미련 없이 훨훨 벗어버리고 새 노래를 부르라 한다. 내 손에 움켜쥐고 있는 부질없는 욕망들을 내려놓고 거듭난 영혼으로 새로운 노래를 부르고 싶다. 서들의 목숨을 다해 부르는 노래처럼, 최선을 다해 나의 새 노래를 부르리라. 멈춰있던 바람이 나뭇가지 끝에 앉아 있는 빨강 고추잠자리 날개를 타고서 살랑살랑 불어 내려온다.

(2009. 7 광명문협 시낭송)

꽃은 향기로 말한다

도덕산 기슭에 있는 H고층아파트 맨 위층으로 지난해 선달 그믐날에 이사를 하였다. 20년을 살았던 예전 집은 햇볕이 덜 드는 저층이라 높은 남향집을 간절하게 원했었다. 팔순노모는 옛말에 삼대가 적선을 해야만 남향집에서 살 수 있는 일이라며 기뻐하셨다. 창밖에는 삭풍이 휘몰아치는데 햇살 가득한 베란다에 호랑가시가 꽃을 피워서 꽃향기가 온 집안에 가득하였다.

예전에 이웃에서 한 뼘 남짓한 어린나무 두 그루를 얻어와 20년을 키웠다. 녀석의 두툼한 육각 꼴 잎사귀 끝에 날카로운 가시 때문에 온 가족은 근처에 얼씬도 못했다. 해마다 가시에 찔리면서 정성껏 가지치기와 흙 갈이를 해줬더니 내 키만큼 자라났다. 언제부터인가 성탄절이 돌아올 때면 좁쌀만 한 수많은 순백의 꽃을 피워서 향기로 보답을 하였다.

호랑가시는 하얀 눈 속에서 붉은 열매를 맺으며 잎사귀가 고양이 발톱을 닮았다고 묘아자(描兒刺)나무라고 한다. 음력 이월에 심술궂은 영동 할매 오실 때에는, 호랑가시나무 줄기에 정어리를 묶어 문설주에 매달아 집 안팎 잡귀들의 출입을 경고했다. 서양에서는 예수 그리스도의 일생을 함축한 성스러운 나무라고 성탄절에 예쁜 장식트리로 사용한다.

호랑가시나무에 대하여 오랜 세월동안을 이름만 기억하였을 뿐 실은 존재에 대해서는 상세하게 알지를 못했었다. 그런데 호랑가시의 그 작은 꽃의 향기가 어쩌면 그토록 내 마음을 온통 사로잡는지 모를 일이었다. 그동안 무심함에 슬며시 미안한 생각이 들면서 문득 천지만물은 모두 자신만의 독특한 향기를 소유하고 있다는 사실을 사유(思惟)하게 되었다.

호랑가시나무의 꽃이 풍기는 향기로 인해 나와의 관계에 있어서 깊은 소통의 끈이 되었다. 향기는 상대와 교감을 나눌 수 있는 바로 자신의 존재를 나타냈다. 인간에게는 외부와 교감하는 오감 중에 촉각, 미각, 청각, 후각, 시각은 현재를 느끼게 한다. 그렇지만 후각에 속한 향기는 현재의 냄새로 과거를 연상하는 인간의 잠재의식 속에 가장 영향을 끼치는 감각이다.

창밖에는 엄동설한으로 삼라만상이 고난을 겪고 있는데 꽃 소식이 들려온다. 이러한 역경 속에서 가장 먼저 예쁜 꽃을 피워 모두에게 다가올 봄을 진한 향기로 알리는 매화가 있다.

桐千年老恒藏曲(동천년노항장곡), **梅一生寒不賣香**(매일생한불매향).

‘오동나무는 천년을 늙었으나 그 속에 노래가 항상 숨어 있고, 매화는 일생동안을 늘 추위 속에 서 있지만 향기를 팔지 않는다.’

조선시대 신흠 선생의 야언(野言)에서 전한다.

예로부터 혹독한 시련을 이겨낸 매화꽃의 향기는, 곧은 기개로 불의에 굴복하지 않는 옛 선비들의 정신적인 표상이 되었다. 자연 속에서 온갖 고초를 겪어낸 야생초는 온실에서 자란 것들보다 훨씬 생명력이 강하고 향기가 진하다. 사람에게도 고난을 딛고 우뚝 일어선 자에게 삶의 진실한 향기가 진하게 우러난다.

세상에 아름답게 피어나는 수많은 꽃들은 제각기 독특한 향기로 자신을 알리며 벌과 나비를 유혹한다. 이중에는 외향적으로 몹시 화려하고 아름답지만 아쉽게 향기가 없는 꽃들이 많다. 꽃의 진정한 매력은 화려함보다 존재감을 고운향기로 전하는데 있다고 생각한다.

인간에게도 수많은 사람들 속에서 자신의 존재를 각자 다른 향기로 나타낸다. 하지만 사람의 향기와 꽃의 향기는 같은 의미가 아니다. 꽃은 시각과 후각으로 존재를 인식할 수가 있지만, 사람은 내면에서 흘러나오는 인품과 행실의 영적 향기에 따라서 다양한 평가를 받는다.

꽃이 아무리 화려하고 아름다워도 향기가 전혀 없거나 악취를 풍긴다면 아마도 많은 사랑을 받기가 어려울 것이다. 한편으로 사람에게도 세상에서 원하는 부귀영화를 맘껏 소유하였어도 사람답지 못한 일생은 존경보다는 비난을 받기가 쉽다. 그렇지만 향기 나는 삶은 세상을 떠날지라도 꽃보다 진한 향기의 여운을 많은 이들의 마음속에 오래도록 남긴다.

우리들의 마음속에 품은 것들은 바로 자신을 말하는 향기의 원천이 된다. 그러므로 내안에 품고 있는 것들을 아름다운 향기로 풍겨서 자신을 말하도록 해야 한다. 먼 훗날 나를 대신할 향기는 믿음의 진솔한 향기가 세상에 조금이나마 남겨지면 참으로 좋겠다. 호랑가시나무는 오랜 세월동안 하지 못했던 사연을 아름다운 꽃을 피워 그윽한 향기로 내게 말하는 듯하였다. (2008. 1)

지 음(知音)

하루 종일 용광로 같았던 태양이 서쪽 산마루에 걸쳐 앉아 쉬고 있는 해질녘이다. 무더위에 파김치가 되어 집에 들어온 남편이 들어서며 나에게 이렇게 말을 건넨다.

"여보. 오늘 날씨가 너무도 더워서 힘이 들었소. 찜통 같은 이런 날씨에 Y친구는 좁은 집에서 거동이 불편하신 노모 모시고 많은 식구가 이 여름을 어떻게 보낼까."

남편은 요즈음 조석으로 친구걱정을 태산같이 하면서 그를 도울 길이 없나하고 노심초사다. Y친구는 1년 전에 고교동창모임에서 처음 알게 되었다고 한다. 그는 고향에서 우리 집 주변으로 이사를 와서 팔순노모를 모시고 다섯 식구가 어렵게 살아간다.

둘 사이는 학창시절에 단 한 번도 마주친 적 없는 사이인데, 서로가 오래된 친구처럼 느껴진다고 한다. 서로를 50년 만에 만난 깨복쟁이 친구라며 활짝 웃는다. 고향하늘 아래서 학교를 함께 다녔다는 이유 하나로 그토록 스스럼없이 서로를 믿고 신뢰하는 사이가 동창이다.

주말에 가족들과 모처럼 인천으로 순대 맛집을 갔는데 남편은 음식을 먹다말고 친구에게 전화를 건다. 이곳 음식이 맛있는데 함께 못 와서 미안하다고. 다음에는 친구와 꼭 함께 오자며 순대 한 접시를 사서 들고 나선다. 친구 집 앞까지 가서 노모와 함께 먹어보라며 전하자 고맙다며 돌아서는 Y의 눈빛이 참으로 따뜻해 보였다.

남편은 친구의 어려운 형편을 위해 몇 달 동안을 안타까워하더니 기어이 보수와 여건 좋은 직장을 손수 마련해줬다. Y친구는 내게 남편의 진심어린 우정을 영원히 잊지 못할 것이라며 눈물지었다. 아무런 사심 없이 친구의 어려움에 동참하여 용기를 북돋아주는 남편의 마음 씀씀이와 배려에 따뜻한 감동을 받게 되었다. 친구를 이롭게 하는 이타적 관계는 친구사이에 진정한 올바른 자세라고 생각한다.

문득 중국 춘추전국시대 제나라에 관중과 포숙아의 관포지교(管鮑之交)가 생각난다. 친구의 허물을 끝까지 감싸고 이해하며 상대의 인물됨을 미리 알아 준 포숙아의 깊은 혜안은 놀랍기만 하다. 진실한 친구로 인해 출세하여 재상이 되었던 관중의 한마디는 더욱 감동적이다. "나를 낳아 주신 분은 부모님이지만 나를 알아 준 이는 나의 친구 포숙아다."라고 말한다.

이러한 이들의 사이처럼 우정의 최고 경지를 일컬어 '지음'(知音)이라 한다. 이는 친구가 연주하는 악기 소리만 듣고도 그 친구의 심경을 헤아릴 수 있다는 뜻이다. 관중과 포숙아는 이처럼 지음의 경지를 공유한 아름다운 친구 관계가 아니었나 싶다.

우리들 주변에는 서로를 잘 알고 지내는 친구는 많지만, 진심으로 상통하여 목숨도 아까울 것이 없이 신뢰할 수 있는 관계는 보기가 드물다. 그래서 친구를 위해서 목숨을 대신할 수 있는 진정한 우정이란 세상을 얻은 것보다 아름답고 위대하다고 성경은 말한다. 이러한 진실한 우정을 나눌 수 있는 친구를 둔 사람은 세상에서 가장 행복한 자이다.

남편은 죽마고우를 둘씩이나 불의의 사고로 30대 초반에 모두 잃었다. 남에게 쉽게 다가서지 못하는 성미로 객지에서 생활하면서 혼자 늘 외로워했다. 그러다가 언젠가부터 고교동창들을 만나면서 그들과 아름다운 우정을 돈독하게 키워갔다. 친구들과 기회만 있으면 서로 자주 만나서 따뜻한 우정을 함께 나누면서부터 자신의 삶에 여유를 갖고 즐거워하였다.

좋은 친구를 만나는 일은 힘겨운 일상생활의 스트레스를 모두 잊게 하고 서로의 마음에 평안을 함께 나눈다. 사람을 평가하려면 주변의 친구들을 보면 알 수가 있다는 말이 있듯이 많은 의미를 갖게 한다. 사람에게 돈과 명예보다는 인간관계를 맺으며 갖는 믿음과 신뢰를 상호간에 마음으로 느낄 때에 가장 큰 행복이 아닐까 싶다.

어릴 적에 동창들은 서로에게 이해타산을 배제한 순수하고 따뜻한 인정으로 대한다. 남편의 동창모임에서 올해 쌍육절에 부부 60쌍이 강원도 강릉과 속초로 수학여행을 함께 다녀왔다. 전국에서 모인 모든 동창부부들의 얼굴에서 즐겁고 행복한 웃음꽃이 그칠 줄을 몰랐다.

이들을 곁에서 오래도록 지켜보니 친구들이 하나같이 서로의 마음을 이해하고 배려하는 진실한 우정은 매우 감동적이었다. 누군가 슬픈 일이나 기쁜 일이 생기면 자신의 일처럼 모두가 달려가서 위로하고 기쁨을 함께 나눈다. 이들의 우정은 항상 사랑 안에서 하나임을 느꼈다.

남편은 동창들을 만나고 돌아오면 어린아이처럼 마냥 행복해한다. 나의 일상에서 이들을 떠올리면 사랑하는 가족처럼 느껴져서 마음이 평안하다. 남편의 사랑하는 친구들의 우정이 서로의 심경을 헤아리는 '지음'의 경지에서, 세상 끝나는 날까지 변함없이 이어지길 소망한다. (2008. 6)

인 연

나는 마호가니 빛깔 장롱으로 태어났다. 네모 모자이크 몸에 새와 예쁜 그림을 돋보이게 새겼다. 매장에서 주인을 기다리다 지쳐있는데 누군가 다가와 나를 따뜻한 눈길로 바라보더니 트럭에 실었다. 도착한 곳은 젊은 부부와 어린 딸이 살아가는 작은 방 윗목에 자리를 내줬다.

아줌마는 어릴 적 예닐곱 살 때 엄마장롱과 내가 비슷하여 마음이 끌렸다며 사연을 들려줬다. '부모님은 자식들을 가르치느라 생활이 점점 어려워지자 집안 세간을 하나둘 팔게 되었다. 수해로 전답이 모두 유실되기 전에는 머슴을 여럿 두었기에 세간들은 멋지고 고풍스러웠다. 잠결에 엄마의 흐느낌이 들려왔는데 엄마장롱과 고가구들이 이웃집에 팔려나간 날이었다. 어린 딸은 어서 커서 엄마의 가구들을 다시 되찾아 드려야겠다고 맘먹었지만, 엄마가 일찍 돌아가셔서 약속을 지키지 못했다 한다.

그녀는 날마다 내 얼굴을 깨끗이 닦아주고 어루만지며 나를 향해 바라보는 눈빛이 사랑으로 그윽했다. 전시장에 수많은 사람들의 무관심 속에서 지쳐 있다가 오랜만에 평안을 느꼈다. 나를 사랑하는 이들과 내 수명이 다할 때까지 이곳에서 행복하게 살고 싶었다.

얼마 후에 할머니가 간절히 기다린 세 아들에게 일곱 손녀 속에 대를 잇는 손자가 태어나는 경사가 생겼다. 멀리 사는 친척들이 찾아와서 아기의 탄생을 축하해 주었다. 내 앞에서 누워서 잠자는 아기의 모습은 천사 같았고 아기가 무럭무럭 잘 자라길 빌었다. 어린 남매는 건강하게 자라서 귀엽고 예쁜 모습으로 내 품에서 재밌게 숨바꼭질을 하며 놀았다.

개구쟁이 녀석이 장난감을 내게 가끔씩 던지면, 아줌마는 질겁하면서 아이의 엉덩이를 때려줘서 속이 시원했다. 나를 변함없이 아껴줘서 지금도 내 몸에 상처가 없다. 방 하나에 온 식구가 오순도순 행복하게 살아가다가 방 2개에 거실과 목욕탕이 있는 서민아파트로 이사를 갔다.

집안 모든 가구색은 나를 중심으로 장만했다. 안방에서 주인부부와 함께 지냈는데 내 품에는 아이들의 할머니가 정성껏 만들어 보내신 아줌마와 남매의 예쁜 옷들로 가득 채워졌다. 그 옷들을 입고 아줌마는 교회를 갈 때마다 행복한 표정을 지었다. 아이들이 성장하자 점점 옷이 많아져 내 품으로는 모자라서 안타까웠다.

부부가 아이들 문제와 사소한 일로 가끔씩 다툴 때는 누구편도 들 수가 없고 난감했다. 아줌마가 울어버릴 때는 맘이 가장 슬펐고 화해할 때가 가장 기뻤다. 서로 조금씩만 양보하고 이해하면 되는 걸 왜 사랑하는 사람들끼리 싸우는지 알 수가 없었다. 형편이 조금씩 나아지자 자동차와 대형 TV와 냉장고와 세탁기 등의 가전품들이 내 뒤를 이어 들어왔다. 늙어가는 내 위치가 조금 위축이 들었지만 가족들의 변함없는 사랑에 든든했다.

세월이 흘러 젊은 부부도 주름살과 흰 머리카락이 희끗희끗해졌다. 딸은 대학을 졸업해서 예쁜 아가씨가 되었고 개구쟁이 아들은 키가 훌쩍 자라서 대학을 다니다가 군대를 갔다. 내 나이 방년 23세로 사람들이 가장 부러워하는 나이지만 몸에 나사들이 저절로 빠져 문짝이 삐걱거린다. 아줌마는 가구점을 찾아서 부속품들을 사다가 내 몸을 고쳐주었다.

아저씨 친구가 공인중개사인데 집을 사고파는 걸 3일 만에 일사천리로 끝내줬다. 한 달 후에 가까운 산기슭에 있는 넓은 고층아파트 꼭대기로 이사를 간다고 한다. 내가 와서 두 차례 이사 끝에 이곳에서 20년을 살았는데 3층이라 높은 앞 건물에 가려서 햇볕을 구경도 못했다. 그곳에 가면 높푸른 하늘과 따뜻한 햇살이 언제든지 내 얼굴을 비추면 더욱 멋져 보일거야.

온 가족이 새집으로 이사 간다는 기쁨에 들떠 있던 휴일에 부부의 대화를 들었다. “여보 얘를 두고 가자니 맘이 아프고 이사

갈 곳에 둘 데가 마땅찮아 갈등이네요. 아들 방에는 붙박이장이 있고 딸애 방은 침대와 책상이 차지해요. 안방은 대형붙박이장을 설치해서 많은 옷과 자질구레한 물품들을 넣으면 깨끗할 텐데요."

"그려? 오랫동안 함께 지내며 정이 들었는데 그렇겠구먼. 정 서운하면 안방 한쪽에 들여 놓던지 아님 당신 뜻대로 하구려."

아! 나는 어찌나 깜짝 놀랐는지 입을 다물지 못하고 내 귀를 의심했다. '내가 이제는 늙고 쓸모없는 무용지물이 되었구나. 그동안 자부하고 군혀왔던 이 집 살림 1호는 내 위치였는데, 이제는 떠나야 되는 때가 돌아왔구나. 누군가 떠날 때를 알고 돌아서는 자의 뒷모습은 아름답다고 얘기했었지. 내 시대는 가고 이젠 신식 붙박이 대형장롱에게 밀려나고 말았구나.

곧 이어 아줌마는 "넌 말 못하는 장롱이지만 우리 가족과 기쁘고 슬픈 일들을 함께 겪었잖니? 넌 그동안 우리에게 얼마나 큰 행복을 줬는지 영원히 잊지 못 할 거야. 사랑하지만 헤어진다는 말을 이제는 이해하겠구나. 정말 미안하다." 눈물을 글썽이는 그녀의 진심을 듣고 나니 속상했던 마음이 조금은 풀렸다. 다른 장롱에 비해 오랫동안 사랑 받았던 일이며, 앞으로도 이들에게 영원히 잊혀지지 않는 존재라는 사실에 감사했다.

가족들과 행복하게 보냈던 지난 추억들이 주마등처럼 스쳐간다. 온 식구가 내게 등을 기대고 TV보며 깔깔깔 호호호 행복한 웃음소리. 삶에 지쳐서 가끔씩 술에 취해 들어오시던 아저씨의 안쓰러웠던 정겨운 모습. 가족을 위한 아줌마의 간절한 기도소리. 안방에서 새벽녘에 새끼 3마리를 순산하던 흑색푸들 환희. 동갑내기 아들이 아직 군대에서 돌아오지 못해 서운하다.

그리운 추억들을 이쯤에서 접고 우리의 인연이 이제는 마지막이다 생각하니 나도 모르게 눈물이 흐른다. 내게 주어진 사명과 임무를 다 했으니 순리에 순응할 때 인가보다. 아마도 세상에 모든 사람들의 인연도 언젠가는 이렇게 사랑하는 사람들과 안타깝게 이별하며 아쉬워하는 것이 아닐까 싶다. 나에게 마지막 남은 시간들은 어떻게 되는 걸까.

문득 창밖에 폐품정리장을 바라보며 낼이면 나도 저 곳에 서있겠구나 생각이 든다. 예전에 멋진 장롱들이 마구 버려져 망치로 부서지며 아파하는 모습을 많이 봤다. 왜 사람들은 소중한 추억들을 오래도록 간직하지 못하고 새로운 것으로 자꾸만 채우려고 하는지 모르겠다. 서둘러 버려야 할 것은 순결하지 못한 거짓된 마음과 부질없는 허황된 욕망들인데 말이다.

이곳에서 오랫동안 가족들과 함께 살아오면서 소중하게 사랑받았던 내 모습은 나이는 들었지만 아직도 깔끔하고 멋지다. 행여나 세상일을 주관하시는 그 분이 내 존재를 어여쁘게 여기사 조금만 더 허락하신다면, 마호가니빛깔의 10자 장롱이 필요한 착한 주인을 꼭 다시 만나는 고운 인연을 꿈꾸리라.

(2008. 수필문학추천작가선집 『생각하는 사람들의 커피타임』)

전주여고 영란동산에서

날씨가 몹시 추웠던 정초 주말에 모교 '전주여고 49회 졸업 30주년 기념동창회'를 전주 리베아호텔에서 개최하였다. 학창시절의 추억을 통해서 인생을 새롭게 깨달아가는 은혜의 삶을 기대하며 참석을 했다. 졸업이란 삶의 이정표에서 새로운 시작을 의미한다. 하얀 은방울꽃의 전주여고 영란동산을 떠났던 소녀들은 지천명을 맞은 중년 여인들로 변하여 30년 만에 만났다.

동창이란 학창시절에 3년 동안 한 번도 마주치지 않았고 서로를 기억하지 못할지라도 믿음과 신뢰로 서로의 마음이 열린다. 다른 반 친구를 처음 대하여도 오래 전에 알고 지내던 사이처럼 그렇게 마음이 평안할 수가 없었다. 순수하고 아름다웠던 학창시절의 옛 추억을 함께 공유하고 있다는 사실은, 조건 없이 마냥 행복하기만 하였다.

인생의 한 고비를 시련과 고난을 이기고 여기까지 달려온 친구들의 아름다운 모습들을 향해 격려의 힘찬 박수를 보내고 싶었다. 여러 형태의 모습 속에서 인생을 달관한 듯한 여유로움과 넉넉한 눈빛과 마주잡은 따뜻한 손길이 서로의 마음을 하나로 이어줬다. 학창시절의 아름다운 추억을 함께 공유하는 네가 살아 존재한다는 사실이 너무나도 고맙고 감사할 뿐이었다.

은사님 중에 우리 3학년 1반 담임이셨던 k선생님은 81세 노장인데, 요즘에 피아노를 배워서 연주하며 지내신다고 하여 힘찬 박수를 받았다. 이날에 가장 멋진 은발신사 4반 C 선생님의 인기는 단연 손꼽혔다. '삼용이 수학샘'의 너무 멋지게 변한 파격적인 중후한 모습에 사회자는 형님을 연발하여 모두 한바탕 웃어 제꼈다. 여선생님들은 예전에 고운모습 그대로 모두 변함없으신데, 고인이 되어 함께하지 못한 나의 시누이생각에 마음이 몹시 아팠다.

우리들의 학창시절을 커다란 스크린을 통해 보며 여기저기서 감동의 환호가 터져 나왔다. 그중에 가장 인상 깊고 감동적이었던 시간은 인숙이의 처연하도록 아름다운 고운 목소리였다. 장애를 겪고 있는 아들과 어려웠던 시간들을 믿음으로 이기며 여기까지 와준 친구의 아픈 고백에 모두가 숙연했다. 우리 모두는 장한 두 모자를 위해서 뜨거운 격려의 박수를 보냈다.

은사님 앞에서 사랑스런 친구들의 순수하고 천진난만한 모습과 귀여운 재롱을 보며 누가 지천명을 맞은 쉰 소녀들이라 할 것인가. 각 반 대항으로 펼친 장기자랑은 즐겁고 유쾌한 시간으로, 8

반은 29명 최다 참석, 5반은 멋진 단체 라인댄스의 장기자랑 상을 차지하여 상금까지 독차지했다. 우리들에게 30년 만에 해후는 감동의 순간이었지만 이미 유명을 달리한 친구들의 소식에 인생의 무상함에 안타까움을 느꼈다.

친구들의 살아가는 모습들도 각양각색으로 사회의 곳곳에 중요한 역할을 맡은 중진이 되어 있었다. 의사나 사업가와 대학교수로 성공한 친구들도 있고 교직생활을 하는 친구들이 많았다. 고인이 되신 J은사님이 각별히 아끼던 운동에 만능이었던 책을 좋아하던 소녀는 작가가 되어있었다. 각자의 삶을 열심히 살아온 장한 모습에 가슴이 뿌듯했다.

촛불행진을 끝으로 약 삼백 명의 친구들이 석별의 아쉬움을 나누고 막을 내렸다. 밤에는 리베아 호텔에서 오랜만에 만난 친구와 그동안 살아오면서 겪었던 서로의 사연들을 도란도란 나누었다. 서로의 살아온 인생 고백에 함께 공감하여 눈시울을 적시며, 밤이 새도록 나누어도 할 말을 다하지 못하고 그렇게 아침 해는 밝았다.

한국관에서 조찬을 하고 모교를 30년 만에 방문하였다. 정문을 들어서는 친구들의 눈길은 그리운 옛 추억에 촉촉해졌다. 입학할 당시에 모교가 풍남동에서 인후동으로 옮겨와 억세게 자라던 잡초제거에 3년 동안 고생을 했다. 넓은 운동장 한편에서 전북의 별로 항상 한국 신기록갱신에 가위 눌렸던 육상부 높이뛰기

선수시절에 아린 추억들을 한참동안 떠올렸다.

모교 전주여고의 변천사를 기록한 전시실을 둘러보면서 오랜 역사와 전통을 자랑하는 모교발전에 가슴이 흐뭇했다. 명문 전주여고 영란소녀들은 공부, 운동, 무용, 음악, 미술, 각종 여러 부분에서 항상 전국에서 으뜸으로 누구에게나 가장 부러움의 대상이었다. 앞으로 모교가 새로운 21세기를 이끌어갈 전북여성인재들의 후진양성에 배움의 요람으로 거듭나길 기원했다.

팔순 시모(목경희 16회)와 모교에서 국어교사로 나를 가르쳤던 고인이 된 시누이(박혜신 36회)는 나의 동문이다. 시모님은 돋보기를 쓰고 여섯 번 바뀐 교복을 모두 정성껏 손수지어서 모교 80주년기념회 때에 헌사 하셨다.

전시실에서 우리 어머니가 만든 교복을 입은 마네킹들이 참으로 예뻤다. 자랑스러운 선후배코너에서 노모의 장한 모습과 많은 저서들이 꽂혀 있었다. 서재에 있었던 약 3천권의 책을 모교 도서관에 기증하신 끝없는 모교사랑에 가슴이 뭉클했다.

친구들과 모교를 나와서 내장산을 향해 다시 버스에 올랐다. 창밖에는 쓸쓸하고 외로운 겨울의 정서이건만 친구들과 함께하는 여행은 마냥 행복하기만 하였다. 지금까지 서로 살아온 사연들을 얘기하며 따뜻한 우정을 나누다보니 엊그제 헤어졌다 다시 만난 느낌이었다. 내장사에 도착하여 하얀 눈 속에 덮여 있는 겨울 오솔길을 친구들과 함께 산책하였다.

울창하고 아름다웠던 나무들은 실오라기 하나 남김없이 벗어 버리고 매서운 삭풍에 맞서 장엄하게 서 있었다. 자신에게 가장 소중하고 자랑스러웠던 것들이 결국은 우리들이 바로 버려야할 것임을 겨울나목을 통해서 배운다.

우리들은 그동안 오직 앞만 보고 달려왔다. 앞으로는 부질없는 욕망들을 내려놓고 사랑하는 친구들의 따뜻한 우정으로 하여금 은혜의 삶을 여유롭게 살아가고 싶다. 무척 그리웠던 친구들과 30년 만에 해후는 내게 잊지 못할 감동을 안겨줬다. 친구들과 다시 만날 날을 기약하면서 각자의 삶의 터전을 향해서 아쉬운 발길을 돌렸다. (2008. 1)

4부
바다는 강물을 가슴에 품는다

· 인생이란 세상 끝나는 날까지 거센
세파의 밀물이 우리들 앞에 밀려와 절대로
파도를 멈추지 않으리라.
그리할지라도 내게 다가오는 인연의 강물을
가슴에 따뜻하게 품고 싶다.

행동하는 양심

한평생을 고난과 핍박 속에도 불의와 타협하지 않고 오직 의로운 길을 살아온 전직 김대중 대통령님이 하늘의 부르심으로 소천했다. 그는 사람이 대접받고 살맛나는 세상을 갈망하는 국민들에게 "자유가 들꽃처럼 만발하고 정의가 강물처럼 흐르고, 통일에의 꿈이 무지개처럼 피어오르는 나라를 이룩할 것이다."라고 희망을 전하고 항상 양심에 따라서 행동하였다.

그의 이름 자체는 통일, 민주주의, 자유, 인권, 평화였으며 소외당하고 힘없는 민초들의 마음을 앞장서서 대변했었다. 그는 독재자들에 의해 납치, 사형언도, 투옥, 감시, 도청, 지역폄하와 수많은 고난과 박해 속에서도 결코 굴복하지 않았다. 끝내는 가당찮은 이념적 색깔론으로 끝없이 음해 당하고 짓밟혔지만, 그럴수록 민주화상징의 꽃으로 더욱 활짝 피어났다.

그가 일생에 수없이 흘린 눈물과 깊은 고뇌는 한국현대사에 민주주의의 거대한 초석이 되었다. 이처럼 역사와 국민 앞에 '내 생이 이어지는 한 오직 한 길을 갈 것이다.'라고 평생 지향해 온 가치관은 항상 변함이 없었다. 세간에 수많은 철새 정치인들과 다르게 말과 행동이 변함없는 일관성으로 살아온 그와 동시대를 함께 살았다는 사실은 내게 참으로 행운이었다.

국가적 파산직전에 국민들은 그를 대통령으로 추대하였는데, 그의 뛰어난 능력과 세계가 인정하는 지도력은 국가적인 위기에서 빠르게 탈출할 수가 있었다. 그것은 고난의 세월 속에서 능력과 인품을 완벽하게 모두 갖춘 준비된 지도자였기에 가능했다. 이러한 그의 뛰어난 지도력과 지혜로운 충만한 능력은 국가위기를 새로운 도약의 기회로 이끌어냈다.

임기 중에 남북한 두 정상이 손을 맞잡은 민족화해를 이끌어냈다. 반세기 넘도록 서로 반목과 증오에서 한결같이 통일을 갈망함을 느꼈다. 또한 오랜 세월을 핍박하며 죽음 직전까지 몰아갔던 정적들을 화해와 용서로 증오와 갈등을 녹여버렸다. 이러한 그는 세계민주주의와 인권에 앞장서고 남북화해에 위대한 기여를 인정받아 세계 '노벨평화상'을 자랑스럽게 받았다.

그러나 독재자들에 의해 초래했던 그에게 덧씌워진 색깔론의 잘못된 편견을 아직도 갖고 있는 이들이 있기에 안타깝다. 사회전반에 걸쳐서 자행된 지역감정은 참으로 망국적인 한이었다. 그는 누가 뭐라 해도 평생을 민주주의를 위한 평화주의자로 올곧게 살아왔고, 사회에서 그늘지고 소외된 힘없는 자들을 위해 항상 함께 했다는 사실은 어느 누구도 부인할 수 없다.

근래에 새 정부의 민주주의후퇴와 서민경제의 위협과 소원해진 남북관계에 대해서 그는 안타까운 염려로 이렇게 외쳤다. '행동하지 않은 양심은 악의 편이다.' '사회 속에 소외당하고 힘없는 국민이 불쌍하여 눈물이 난다'고 하였다. 이렇듯 정부의 잘못된 정책과 그늘진 곳에서 고통 받는 이들에게 무관심했던 무디어진 우리들의 의식을 새롭게 일깨우는 계기가 되었다.

평생을 나라와 민족을 사랑했던 그가 떠난 이 시점에서 우리들이 마음을 가다듬어 해야 할 일들이 남아있다. 그것은 남북화해와 통일, 민주주의 회복, 지역감정철폐의 문제들을 지혜롭게 풀어나가야 한다. 또한 그동안 온 국민이 간절하게 소망했던 자유, 정의, 평화로운 통일조국을 이룩하는데 전념하고, 우리민족이 함께 공존하며 잘 살아가는 방법을 절실히 모색해야겠다.

우리들이 이러한 숙제를 하나씩 지혜롭게 풀어가는 일이야말로, 일평생 목숨을 다해서 이룩한 그의 유업을 잇는 일이다. 이제부터 우리들은 의식을 새롭게 하여 사회각층에 만연한 증오에서 사랑으로 단결하여 희망찬 새 역사를 창조해야 한다. 일생을 자유와 평화를 위해 의롭게 살다간 김대중 대통령님께 경의를 표하고 진심으로 삼가 고인의 명복을 빈다. (2009. 8. 18)

바다는 강물을 가슴에 품는다.

우리는 수많은 사람들과 거미줄처럼 인연을 형성하고 그 안에서 생사고락을 함께 나누며 살아간다. 만남을 통해서 좋은 인연도 있고 그러하지 못한 관계도 있다. 때로는 남에게 아무런 해를 끼치지 않았는데, 여러 가지 시기 질투의 대상이 되어 미움을 겪는 일도 생긴다. 혹은 자신과 이해관계도 전혀 없건만 이유 없이 상대를 좋지 않게 평가하기도 한다.

초고속 정보화시대에서 살아가는 우리들은 눈 깜빡할 사이에 거짓이 진실로 둔갑하여, 남을 고통에 빠트리고 생명까지 위협하는 일들이 불시에 발생한다. 우리 주변에서 이러한 황당한 일들을 한 번쯤은 자의든 타의든 간혹 겪게 된다. 그렇지만 대부분 사람들은 어려움을 겪는 당사자를 먼저 생각하여 배려하기보다는 작은 문제를 더욱 부풀려 흥미를 먼저 삼는다.

우리들은 살아가면서 타인과 끝없는 상처와 아픔을 주고받는다. 서로 부딪치는 상황에서 어려운 일이지만 손 내밀어 화해하고 용서하는 일이 중요하다고 생각한다. 엉킨 매듭을 풀지 않고 끝까지 남을 미워하고 헐뜯을 때에 바로 자신이 먼저 많은 상처를 받는다. 마음속에 끓어오르는 증오를 사랑으로 다스릴 때 비로소 세상에서 가장 행복한 사람은 내가 된다.

사랑과 용서는 나를 비롯하여 세상 모든 사람들을 따뜻하고 행복하게 만든다. 마음속에 차지하고 있는 욕망들을 이해와 배려로 바꿔야 한다. 이것은 바다가 우리에게 보여 주는 해불양수(海不讓水)와 같다. 드넓고 깊은 바다는 강물을 가슴에 조용히 품는다. 다가오는 모든 강물을 물리침 없이 포용하여 자기 안에서 정화시켜 깊고 거대한 뜻을 이룬다.

인생이란 세상 끝나는 날까지 거센 세파의 밀물이 우리들 앞에 밀려와 절대로 파도를 멈추지 않으리라. 그리할지라도 내게 다가오는 인연의 강물을 가슴에 따뜻하게 품고 싶다. 설령 끝없이 세차게 다가올지라도 원망하지 않고, 가만히 연민의 눈빛으로 바라볼 수 있었으면 좋겠다. 지극히 미욱한 자의 마음속에서 바다의 사랑을 감히 닮고 싶은 것이다. (2010. 9.『광명문협』)

넌 꽃도 아닌 것이 어쩌자고

찌는 듯한 폭염 속에도 아랑곳 않고 줄기차게 울어대던 매미들의 우렁찬 코러스가 시들해졌다. 무덥고 지루함이 끝날 것 같지 않았던 여름이 슬며시 자취를 감췄다. 이제는 조석으로 건들마가 불어와 제법 심신이 평안하다. 황금들녘은 충만한 결실을 기다리고 산자락마다 나뭇잎들은 만산홍엽(滿山紅葉)으로 가을을 노래한다.

길가에 사람들의 발아래에서 무수히 밟혀오던 잡초들이 예쁜 열매를 맺었다. 어느 곳을 쳐다봐도 각자에게 맡겨진 사명에 최선을 다하고 있는 모습들이다. 문득 여린 풀 한 포기의 장한 모습은 어쩌면 나보다 낫다는 생각이 든다. 이렇게 가을은 내게 겸손을 가르치고 앞만 보고 달려온 삶의 뒤안길을 뒤돌아보며 사색에 잠기게 한다.

봄의 창가에서 피어나던 모든 사물은 아름다웠고 꽃들의 고운 향연은 우리의 영혼을 충만하게 하였다. 사람들은 꽃보다 아름다운 것은 얼마나 좋은 열매를 맺느냐에 더 비중을 둔다. 작은 풀꽃의 결실 하나만 보더라도 인고의 긴 겨울을 보내고, 희망의 예쁜 꽃을 피우고 모진 환경을 잘 이겨내어 튼실한 결실을 맺는다.

인생도 그러하듯 여린 새싹의 푸른 꿈과 사랑을 노래하던 푸른 청춘을 거쳐 알찬 결실을 맺으며 노을빛 황혼의 여명기를 맞는다. 천지만물은 각자의 삶에 대하여 무엇인가 알찬 결실을 남기고 싶어 한다. 문득 내 삶에서 의미를 생각해 본다. 먼 훗날 다가올 황혼녘에는 창밖에 곱게 채색되어 물들어 있는 단풍잎으로 남고 싶다.

꽃도 열매도 아니건만 꽃잎보다 더 화려하게 불타는 뜨거운 정열이 가상하지 않으랴. 한평생 인생살이에 꽃도 열매도 못되고 단풍이면 어떠하리. 독야청청 그대가 없었던들 나무의 영광이 무슨 소용이 있었겠는가. 햇살에 달콤한 유혹도 깊은 땅 속에 끝없는 고행도 끝내 종착역은 모두가 본향으로 돌아가는 길 하나 뿐이리라 .

고운 단풍잎이 되고자 뜨거운 태양과 거친 폭풍우 속에서 토해내던 인고의 세월을 어느 누가 알리오. 곱디고운 모습을 만들어내기 위해 수많은 밤을 남 몰래 울어야 했다는 것을. 푸르디푸름을 뜨겁게 풀무질하여 끝내는 온 산을 붉게 물들이는 정열의 화신이여. 넌 꽃도 아닌 것이 어쩌자고 이 가을에 내 맘을 온통 사로잡는 것인가. (2009. 12.『광명문협』)

엘리베이터에 갇힌 여인

현대를 살아가는 우리들은 무한경쟁으로 내몰려진 적자생존의 각박한 세상에서 살아가고 있다. 이러한 힘든 현실 속에서 우리 서로 함께 잘 살자며 상생의 신선한 화두를 던진 중소기업의 여성 CEO가 요즈음에 우리 사회에서 주목을 받고 있다.

안산시 반월공단 (주)D엘리베이터 박정임 대표는 세간에서 주목받는 장본인으로 나의 고향선배이다. 재경고향총동문회문집에 자랑스러운 동문에 관한 기고를 쓰기위해서 회사로 탐방을 하였다. 선배가 이제껏 살아온 생활방식과 기업의 생존전략에 대해서 잠시 대담을 나눴다.

박선배가 경영하는 D엘리베이터회사는 화물용, 지하철, 육교 등에 설치하는 특수한 엘리베이터를 생산하였다. 대기업들은 엘리베이터를 맞춤으로 대량생산하지만, 이곳은 수공업을 통해 주문제작을 한다. 주력상품은 국내 최초로 특허인증을 받은 비차열

성능을 가진 '화물엘리베이터용 상승방화도어'와 'MRL(Machine Roomless)엘리베이터'이다.

'화물엘리베이터용 상승방화도어'는 기존 엘리베이터의 방화셔터를 없애 셔터공간을 확보하여 건축비용 절감과 공간효율성을 높인다. 승강기 홀 도어가 방화역할을 하여 불길이 승강로를 타고 다른 층으로 번짐을 차단한다. 문이 열리는 공간 폭을 넓혀 화물 선적이 가능하다.

이러한 신개발을 위해 전 직원들이 제작원리를 알아내기 위해서 전국에 있는 뚜껑과 문을 모두 열어보고 다녔다는 후문이다. 이러한 피나는 노고의 신개발 결실은 대기업 H회사 LCD에 납품하는데 성공하여 실용화시켰다.

원천기술로 개발한 'MRL 엘리베이터'를 특허인증을 획득하였다. 이것은 기존건물 옥상에 기계실을 설치하던 엘리베이터와 승강로 내부에 기계실을 만들어 설치하던 MRL 엘리베이터와는 구조가 다르다. 승강기 구조물 내부에 기계실을 넣는 방식으로 설계한 'MRL 엘리베이터'인데, 건물을 부수거나 털어내는 작업 없이 구형승강기의 좁은 승강로에 설치가 쉽다. 이 방법은 건축비 절감과 공간 활용도를 높이고, 모터의 효율을 높여 15%의 에너지 절감효과를 낸다. 이 제품은 국내 특허완료이고 해외에도 개발된 일이 없어서 곧 해외특허도 준비 중이다.

엘리베이터사업의 가장 중요한 부분은 안전한 A/S에 있기에

50여명의 전 직원들은 철저한 24시간 풀가동시스템이다. 22년 동안 고객들에게 확실하고 정직한 제품과 서비스로 신뢰를 바탕으로 승부한다. 엘리베이터시장의 95%를 대기업 엘지, 동양, 현대가 장악하지만, 박선배의 D기업은 수공업 주문방식을 고수한다. 회사의 연간 매출액은 40억 정도이다.

대기업 대량생산체제는 규격화된 낮은 단가 판매는 가능하지만, 수작업이 필요한 고객취향의 주문과 충족을 납품 날짜에 맞추기가 힘들다. 그래서 대기업의 높은 가격의 제품을 절반도 안되는 가격으로 틈새를 장악한 그의 지혜로운 전략은 앞으로도 전망이 매우 밝다.

선배의 D기업은 다른 기업들과 달리 더욱 사랑과 각광받는 이유는, 자사가 힘들게 개발한 기술을 동종업계 중소기업들에게 선뜻 공개해 공생을 추구하는 점이다. 다른 중소기업들과의 관계에서도 수십 년간에 걸쳐서 신뢰와 믿음 속에서 인정받는다. 그것은 서로 간에 공존번영을 위해 공동브랜드(BANDI)를 개발 가격경쟁력을 강화했다.

특정 업체의 주문에 각 기업체의 여력에 맞게 부품들을 조립하여 대기업보다 낮은 단가로 제공한다. 이는 고객사들에게 다양한 업체들의 기술들을 활용하게 하고, 중소기업들 간에도 선한 경쟁력의 여력을 키워가며 무한경쟁 속에서 다 같이 살아남을 수가 있는 것이다.

우리에게 일상생활에 필수인 엘리베이터는 BC 200년경에 알키메레스가 수동식을 고안하였다. 로프식은 1853년 미국 EG오티스가 발명했으며, 현재 우리가 사용하는 전동식은 1880년 지멘사가 처음 사용했다. 우리나라 최초의 승강기는 일제 강점기 1910년 일본인 다쓰노 긴고 박사가 조선은행에 설치한 화폐운반용 수압식 승강기와 요리 운반용 리프트로 알려졌다.

승객용 엘리베이터는 1914년 현재 웨스틴조선호텔인 철도호텔에 처음 설치됐다. 일반인보급은 1940년 서울 종로 화신백화점에 최초로 설치하여 사용했다. 1980년대 정부의 건설육성정책으로 아파트에 엘리베이터가 대거 공급되고 서울올림픽이후 지금의 전성기를 맞이했다.

선배가 사업을 하게 된 동기로 문득 미래에는 엘리베이터를 교통수단으로 자동차와 비행기처럼 꼭 필요할 것으로 관망했었다고 한다. 88년도 (주)D엔지니어링을 창립하여 엘지 공채 1기 출신인 남편(신종만 회장)과 장성한 자녀(동철, 지숙)들과 함께 가족경영시스템으로 운영한다. 항상 직원들과 함께 고객들에게 좋은 엘리베이터를 제공하려고 신개발에 여념이 없었다.

선배에게 기업을 운영하는데 있어서 가장 중요한 사업자금에 대한 믿기 어려운 놀라운 사실을 들었다. 지금껏 철저한 근면 절약정신으로 회사 창립 이후 22년 동안에 단 한 번도 은행대출을 받지 않았다는 애기였다. 사전에 자금을 꼭 확보해 놓는 유비무

환의 정신을 자기 마인드로 고수하여 892개째 통장을 보관한다고 하였다.

국세청은 통장을 운영근거로 양심껏 세금을 내는걸 보고, 우리나라 30만개의 기업체 중에서 처음 있는 일이라고 놀라워했다고 한다. 이러한 공로를 인정받아 선배는 지난해 '한국여성경제인협회 창립 10주년기념 모범여성기업인' 시상식에서 '서울지방 국세청장표창'을 수여받았다.

선배는 장계 계한들 태생으로 8세 때 옆집에 이사 온 11세 산골소년과 첫사랑의 인연으로 행복한 결혼생활을 보낸다. 자신의 좌우명은 '곱게 피었다가 깨끗하게 떨어지는 붉은 동백꽃처럼, 자신이 있었던 자리가 언제라도 깨끗한 존재로 남고 싶다'는 말에 매우 인상 깊었다.

그녀는 어릴 적 가난 때문에 고학으로 배움의 아픔을 겪어봤기에 어려운 학생들을 돕기 위해 개인수익금에서 매달 20%를 사회에 환원하는 아름다운 삶을 살아간다. 이중에 모교 동문회에도 오랫동안 장학금을 매년 기탁하면서, 후배들에게 "큰 꿈을 갖고 자신을 비롯하여 상대방을 보는 시야를 넓혀라."고 당부하였다.

삭막한 요즘시대에 선배는 주변의 연약한 이웃을 먼저 돌아보고, 더불어 상생하며 살아가는 가슴 따뜻하고 향기로운 여인이요 진정으로 멋진 CEO이다. 그녀가 나의 고향선배라는 사실이 참으로 자랑스럽고 가슴 따뜻한 하루였다. 21세기 글로벌시대에

'(주)D엘리베이터'가 세계 각국으로 당당하게 진출하는 힘찬 행보가 계속 이어지길 기원한다. 그녀는 오늘도 엘리베이터 안에 갇혀서 살아간다. (2009. 9 재경장계초총동문회 5호 문집)

하얀 거짓말

인간은 만물의 영장으로서 언어를 사용하여 의사전달과 자기표현을 할 수 있는 특권을 가졌다. 이러한 축복을 선한 도구로 활용하고 살아간다면 세상이 얼마나 아름답고 행복할까. 그렇지만 사람의 세치 혀는 권모술수로 남을 중상모략 하다가 자칫 자신의 목숨마저도 위태롭게 이르게도 한다. 반면에 선한 말 한마디로 천 냥 빚을 갚는다는 말은 듣기에도 흐뭇하다.

말이란 사전적 의미는 사람의 생각이나 느낌 따위를 표현하고 전달하는데 쓰는 음성 기호. 곧 사람의 생각이나 느낌 따위를 목구멍을 통하여 조직적으로 나타내고 전달하는 행위. 또는 일정한 주제나 줄거리를 가진 이야기로써 단어, 구, 문장, 소문이나 풍문 따위를 일컬어 말한다. 이렇듯이 말은 인간사회에서 살아가는데 우리에게 가장 필요불가결한 요소이다.

우리는 살아가면서 대부분 남에게 하얀 거짓말일망정 달콤한 칭찬의 말들을 듣는데 익숙하고 매우 좋아한다. 하지만 쓴 약이 몸에 좋다는 뜻으로 말에 대해서 채근담은 이렇게 전한다.

"耳中 常聞逆耳之言 心中 常有拂心之事 纔是進德修行的砥石, 若言言悅耳 事事快心 便把此生 埋在鴆毒中矣."

"귀는 항상 거슬리는 말을 듣고 마음도 때로 어긋나는 일이 있어야 덕과 행실을 갈고 닦는 숫돌이 된다. 만약 들리는 말마다 귀에 즐겁고 하는 일마다 마음이 흡족하다면, 자기 몸을 독약 속에 빠뜨리는 일이 될 것이다."

이처럼 진심이 담긴 상대의 충고는 잠시 귀에 거슬리지만, 마음에 두고 깨닫는 자에게는 유익한 타산지석의 이정표가 되는 것이다. 하지만 어떤 이는 진심이 결어 된 비난의 충고를 상대에게 자주 하는데 오히려 남의 마음에 상처만을 주게 되어 침묵하는 사람보다 못하다.

반대로 이미 엎어진 물처럼 세치 혀가 얼마나 끔찍한 지를 매스컴을 통해서 자주 느낀다. 요즘에 인터넷상에서 무책임한 네티즌들의 비난에 감성을 자극 받아 자살에 이르기도 한다. 삼인성호(三人成虎)라고 세 사람이 옳다면 거짓도 진실로 둔갑하는 세태이다. 그러나 확실하지 않는 남의 말에 현혹되어 믿고 거짓을 말하는 오류를 범해서는 안 되겠다.

내 경우에는 어려서부터 남에게 해가 되는 말은 절대로 하지 말라고 엄마한테 항상 들었다. 말을 할 때는 먼저 생각하고 하라는 영향으로 가급적 남의 얘기를 잘 하지 않는다. 간혹 하더라도 옳고 그름에 따라서 판단하여 치우치지 않고 공정하게 말하려는 편이다.

주변에는 한 사람의 시기 질투로 무심코 퍼트린 근거 없는 새빨간 거짓말(rumor)은 남의 귀한 생명과 영혼을 파괴한다. 지금까지도 말의 진실이 규명되지 않고 '아니면 말고'라는 결말들이 세상에는 얼마나 많은가. 생활 속에서 누구나 원치 않아도 한번쯤은 경험을 하게 된다. 한 가지 사실은 그 사람의 됨됨이를 알려면 먼저 입술의 열매를 보면 알 수가 있었다.

헛소문에 대한 일화로 소크라테스는 이렇게 말한다. "남의 말을 하려면 사실도 아니고, 좋은 것도 아니고, 필요한 것도 아니면, 말해봐야 소용이 없는 말이다."라고 말하고 세 가지의 채에 걸러서 얘기하라고 한다. 우리는 무슨 말을 하기 전에 확실하고 유익한 좋은 이야기를 하도록 노력하고 남의 말을 들으면 잘 판단하여 진실을 구분하는 지혜의 분별력이 필요하다.

사람들 말잔치의 홍수 속에 사는 문명사회와 달리 진심어린 칭찬으로 범죄까지 줄이며 살아가는 사회가 있다. 남아프리카 바벰바 부족사회에서는 반사회적 범죄행위가 좀처럼 일어나지 않는다고 한다. 혹시 범죄가 일어날 경우 상당히 흥미로운 의식으로 계도한다.

광장에 죄인을 세워놓고 마을사람 모두가 며칠 동안을 차례로 돌아가면서 그의 능력과 선행한 행위들을 칭찬한다. 죄인에 대해 거짓말과 과장하거나 우스갯소리와 비판은 절대 허용되지 않는다. 이러한 과정에서 죄인은 자신의 잘못을 충분히 깨달아 회개의 눈물을 쏟아낸다.

비로소 죄인을 용서하여 부족의 일원으로 다시 맞이해 축제를 벌인다. 이처럼 부족원 전체가 참여하는 긍정적형태의 심판은 죄인의 자존심을 최대한 살려준다. 아울러 이웃들의 따뜻한 말은 죄인의 병든 마음을 치유하므로 다른 범죄마저도 줄이는 인간성 회복의 좋은 사례이다.

칭찬은 고래도 춤을 춘다고 하였듯이 우리들도 서로의 장점을 먼저 칭찬하고 남에게 피해주는 말들은 절제하자. 상대방이 저지른 잘못도 진심으로 참회할 때는, 용서와 화해의 긍정적 상호관계가 가장 필요하다고 생각한다. 그러므로 영혼을 살찌우는 따뜻한 말들을 내가 먼저 한다면 세상은 점점 아름답게 변화하지 않겠는가.

(2010. 3『광명문협』)

정품문인이 되고 싶다

집 앞의 도덕산 기슭에는 잔설이 하얗게 쌓였습니다. 올 겨울은 예년보다 눈도 많이 오고 한파가 기승을 부려서 우리들의 옷깃을 더욱 여미게 합니다. 엊그제는 딸 또래의 한예총 출신인 유망주 시나리오 여류작가가 굶주림에 숨졌다는 소식은 오늘날 한국예술가들의 현주소입니다. 엄동설한 추운 날씨보다도 더욱 제 심중을 아프고 시리게 하였습니다.

K시 문화체육부서 S과장님 안녕하세요? 올겨울은 예년보다 눈도 많이 오고 한파가 기승을 부리고, 구제역으로 수많은 가축들이 땅에 매몰되어 사라져 가는 아픔은 마음이 몹시도 슬픕니다. 그러나 겨울이 깊어질수록 봄은 우리 곁에 가깝게 다가온다는 희망을 가져봅니다.

시정업무에 눈 코 뜰 새 없이 바쁘신 과장님께 지면을 통해서 먼저 인사드리며 아룁니다. 과장님께서 20여 년 전에 저희 집에 오셔서 노릇하게 구운 고등어자반을 맛있게 드시면서 활짝 웃으시던 모습이 눈에 선합니다. 지난해부터 문화지원금 담당과장으로 계시다는 사실을 이제야 알게 되어 염치불구하고 답답한 제 심정을 말씀드립니다.

저는 이곳에서 30년을 살아온 K 문협회원 구영례 수필가입니다. 한국문인협회 회원으로 중앙문단 '수필문학'에서 등단하여 지금까지 활동해 왔습니다. 2011년 올해 K시 문화기금수혜자로서 선정이 되었습니다. 제가 그동안 써온 많은 작품들을 모아서 수필집을 내려고 살펴봤더니, 지난해부터 K시에서 시행하는 문화기금지원에 따른 문제가 심각하였습니다. 그래서 지난해에 시장님, 감사담당관님, 의회 의장님 세분께 두 차례에 걸쳐서 6통의 서신을 드렸으나 시원한 대책이 없이 저에게 이례적인 답변만 왔습니다.

문제점은 몇 해 전부터 K시 문화기금의 출간서적에 갑자기 정가를 찍지 못하게 하여 문인들의 소중한 작품들을 비매품이 되게 하였습니다. 이전에는 우리 시 문인들에게 지원금으로 내는 개인 작품을 정품출간을 허락했었습니다. 이러한 부당하고 일관성 없는 시책은 우리문인들의 입장을 전혀 고려하지 않은 부당한 처사로 시민들의 원성이 자자합니다.

K시 담당부서의 갑작스런 시책과는 다르게 전국 각 지역에서 문화기금으로 출간하는 책들은 대개는 정가가 모두 적혀있습니다. 저자의 소중한 작품의 모든 가치를 인정해줍니다. 책 안쪽

뒷면에 “이 책은 OO시에서 문화기금지원을 받아 만들었습니다.” 또는 “이 책의 제작비 일부는 OO시에서 지원 받아서 만들었습니다.”라고 분명히 적혀 있습니다.

담당부서는 기금수혜자의 책에 정가를 쓰면 조례에서 영리를 목적으로 하는 일이기에 절대로 안 된다고 담당자가 말합니다. 하지만 법무회사의 법적 해석은 타당하다고 할지라도 법이란 어떻게 해석하느냐에 따라서 형평성이 달라진다고 봅니다. 과장님께서 부서 직원들과 함께 회의하시고 결정하셨던 시책이지만 다시 한 번 살펴봐주시길 부탁드립니다.

서울시를 비롯하여 전국 각 도시에서는 문화기금을 주면서 개인서적에 정가를 찍도록 왜 허용을 하는 것일까요? 전국에서 시인, 수필가, 소설가 지인들이 제게 보내주는 수많은 서적 중에 문화기금으로 낸 개인서적에 정가가 없는 책은 한 권도 없었습니다. 여러 곳에 있는 출판사와 한국문인협회원들은 우리 K시에서 시행하는 이러한 시책에 대해서 모두 매우 의아해합니다.

우리 사회에서 책을 출간하여 돈을 버는 일은 몇 명의 유명 인사를 제외하고는 지극히 어려운 현실입니다. 하물며 우리들이 책을 출간하여 돈을 벌려는 목적으로 기금을 받겠습니까? 다만 비매품으로 출간되는 문인작품은 중앙문단에서 제외되어 무의미하게 사장되므로, 귀한작품을 정당하게 인정받을 수 있는 기회를 열어달라는 간절한 이유입니다.

문인들이 글을 쓰는 일은 고뇌의 늪에서 자신을 정화하지 않으면 안 되는 고통의 연속입니다. 삭막한 현실 앞에 살아가는 사람들의 메마른 가슴을 따뜻하게 감동을 주는 사명감도 있지만, 자신의 카타르시스를 위해서 글을 씁니다. 그러므로 내 자신이 순수하고 깨끗한 심령을 소유하기 위해서 날마다 고뇌하며 삶 속에서 성찰의 삶을 살아갑니다.

글 한 편을 쓰기 위해 얼마나 피나는 노력을 하는지 글을 한 줄이라도 써보셨다면 제 심정을 이해하실 것입니다. 이토록 힘들게 쓴 글을 비매품으로 출간한다는 사실은 문인들의 자존심과 사기가 꺾이는 몹시 서글픈 일입니다. 실은 생활이 넉넉하면 누가 굳이 시에서 주는 문화기금을 일부 보태어 책을 출간하겠습니까? 우리 문인들은 진정으로 정품 문인이 되고 싶습니다.

올해 문화기금은 예산이 줄어들어서 지원금도 줄어들었습니다. 예로 제 수필집은 본인의 비용도 절반이상이 들어갑니다. 기금수혜자가 책을 비매품으로 낸다고 해서 시책에 어떤 큰 이득이 가는 일도 절대로 아니라고 생각합니다. 그러므로 우리 문인들에게 이러한 부당한 조건을 실행하는 문예시책을 다시금 시정해주시기 바랍니다.

존경하는 과장님께서 우리 문인들과 제 심중을 헤아려주셔서 담당부서를 두루 살펴보시고 솔로몬처럼 지혜롭고 공정한 분부를 기대합니다. 그래서 문화기금으로 출간하는 책을 정품으로 출간할 수 있도록 간곡히 간구합니다. 우리 시는 '기형도' 시인의 고향이자 '문화도시'인데 한국문단에서 무척이나 부끄러운 사례가 되고 있습니다. 세상에 출간되어 나오는 소소한 아주 작은 어떠한 책일지라도 반드시 정가가 찍혀있습니다.

제가 드린 이 글이 과장님의 심사를 언짢게 했다면 무례를 용서바랍니다. 또한 이 글을 올림으로써 본인에게 어떠한 불이익도 처할 수가 있음을 잘 압니다. 그러나 옳지 못한 시책에 펜을 꺾고 뒤에서 잘못을 탓하는 것보다 심사숙고 끝에 과장님께 마지막 부탁을 드립니다. 그것은 잘못된 일에 대해서 옳지 않다고 말할 수 있는 용기가 글 쓰는 자의 사명으로 알기에 희망을 갖고 글월을 올립니다. 업무에 바쁘시더라도 속히 연락을 주시면 감사하겠습니다.

아울러 아래 첨부된 문인협회 회원들의 서명은 제 심정과 같습니다. 부족한 서신 끝까지 읽어주셔서 진심으로 감사를 드립니다. 존경하는 과장님께서 시민들을 위해 계획하시는 모든 시정사업들이 어려움 없이 형통하되, 수고하시는 모든 노고 위에 하나님께서 축복으로 갚아주시리라 믿습니다. 우리 시민들에게 무한한 꿈과 희망이 아름답게 펼쳐지고, 따뜻한 인정이 넘쳐나는 살기 좋은 문화의 혁신도시가 되길 간절히 소망합니다.

2011. 2. 10. 도덕산기슭에서 수필가 안수당 구영례(올림)

* K시 문화시책이 시정되어 2012년부터는 정가를 찍도록 약속함.

춤추는 혈당을 잡아라

인간에게 허용된 오욕은 눈 ·귀 ·코 ·혀 ·몸의 기관에서 느끼는 색(色)·성(聲)·향(香)·미(味)·촉(觸)으로 감각의 대상인 오근을 말한다. 이것은 오경에 집착하여 야기되는 인간의 향락을 말하는 욕망으로, 재욕, 성욕, 식욕, 명예욕, 수면욕에 대한 5가지 욕심을 일컫는다.

이중에 식욕은 생존을 위한 원초적 의미지만 탐식은 몸과 마음을 파괴시키고 몸을 병들게 한다. 영양과잉은 비만, 고혈압, 당뇨병, 뇌졸중, 심근경색증. 고지혈증, 만성신부전 등 생명을 단축시키는 수많은 병을 유발한다. 반면에 음식은 생존수단과 인간관계에서 사랑과 화해의 도구가 된다. 그러나 건강한 삶을 위해서 음식을 적절하게 섭취하는 일은 매우 중요하다.

남편이 병원에서 나흘 만에 고혈당 당뇨판정을 받고 퇴원하여 안타까움에 눈물이 마를 날이 없었다. 먼저 혈당기와 작은 눈금

저울을 구입하고, 인터넷과 도서관을 뒤져 당뇨의학지식과 병에 관한 서적을 탐독했다. 음식을 처음 조리할 때는 작은 정보도 천금 같았다. 초기식이요법에서 가장 중요하게 인식할 것은 음식재료의 중량에서 오는 칼로리 싸움이 혈당을 절대 좌우하였다.

남편의 신장 172cm에서 표준체중 65kg을 만들기 위해서 10kg을 감량해야 했다. 하루 총 열량은 1900kcal, 한 끼니 식사량은 640칼로리가 된다. 먼저 1일 총열량을 산정하고 각 식품군별 교환 단위수를 결정하여 끼니별로 배분하고, 식품목록을 선택하여 재료를 중량에 따라 열량을 계산하여 요리를 시작했다. 하루 열량의 교환단위는 곡류군 9, 어육류군(저지방2, 중지방3) 채소군 7, 지방군 4, 우유군 2, 과일군 2에 속한다. 이때에 1일 열량의 교환단위군 중에서 단위의 숫자는 하루의 반찬종류 수를 말하고 세 끼니에 영양분을 고루 배분해야 한다.

남이 인정하는 음식솜씨인데 처음 몇 달은 순간마다 당황하여 한 끼니 준비에 몇 시간 남짓 쩔쩔맸다. 남편의 고혈당이 내 손에 달려있기 때문이다. 조금만 방심해도 음식의 간과 섭취한 양에 따라서 예민한 반응으로 혈당은 심하게 요동쳤다. 배가 고파 허기지다고 해도 정량을 따라야 하므로 더 줄 수 없어서 안타까웠다. 적은 식사를 맛있게 하는 남편을 보면서 세상을 잊고 오직 그가 반드시 회복되리라는 믿음을 가졌다.

그런데 한 달도 채 안 되어서 한 친구가 자신도 당뇨병을 오래도록 앓았지만 괜찮다고 술을 먹였다. 남편에게 저울에 중량을 달아 음식을 주는 이유가 무엇인지 묻고 일주일 동안 말문을 닫고 말았다. 초기 당뇨환자에게 술이 몸에 끼치는 해악에 대해서 얼마나 무지한지 통탄했다. 섭취한 술은 간이나 췌장이 인슐린을 만들 때 방해를 하여 혈당조절에 어려움을 주고, 후에는 합병증으로 눈의 각막에 치명적인 해를 입혀 실명에 이르도록 하는 것이다.

환자는 자신의 병에 대한 올바른 의학지식이 매우 중요하다고 생각한다. 우리 사회는 당뇨병에 대한 인식을 너무도 모른다. 그래서 환자 대부분은 자신의 병을 의식하지 않고 독약 같은 술을 입에 부어 넣는지도 모르겠다. 하지만 일반인들은 당뇨인에 대한 올바른 인식과 자신의 건강을 위해서 우리의 음식문화를 건전한 방향으로 조금씩 바꾸어 갔으면 하는 마음 간절하다.

중년에 오는 당뇨를 '2형 당뇨'라고 하는데 유전적요인도 있지만, 스트레스와 과다음주로 인해서 오는 이유가 많다고 한다. 당뇨병은 3다 현상(다음, 다식, 다뇨)의 증상으로부터 시작되었다. 그의 고장 난 간과 췌장은 제 역할을 제대로 못하고 신음하는데, 독약 같은 술의 유혹을 뿌리치지 못하여 몹시 안타까웠다. 그는 병보다 화를 내는 아내가 더 무섭다기에, 당뇨는 당신에게 적이지만 나는 당신의 영원한 우군이라며 함께 웃었다. 술(1병의 칼로리 540k, 그의 한 끼니 총 식사량은 640k)은 영양은 전혀 없고 열량은 엄청

높다. 담배(뇌졸증의 원인)와 함께 당뇨인에게 꼭 금기해야 하기에 당사자의 결단력이 매우 중요하다.

철저한 식이요법은 처음에는 허기져 했지만 위가 점점 축소되어 본인 적정량으로도 충분히 포만감을 느꼈다. 초기에는 음식 식이요법을 최소한 한 달만이라도 하루에 두 끼 이상 집에서 먹으면 체질을 바꾼다. 환경여건이 어려우면 집에서 싼 도시락을 먹으면 참으로 좋겠다. 그는 세 끼를 집에서 항상 먹었는데 직장에서 외식을 하면 간이 짜고, 골고루 영양섭취가 어려워 허기져 했다. 내 손길로 만들어 주는 음식들을 맛있게 먹는 그의 모습이 날로 평안해 보였다.

남편의 체중은 일주일에 500g씩 줄었고, 집에서 시작한 식이요법과 운동요법은 1주일부터는 혈당이 놀랍도록 빠르게 안정되어갔다. 병원에서 인슐린주사를 하루에 세 번씩 맞고, 퇴원 후 매일 3회씩 복용하던 약을 닷새 만에 두개를 끊고 발병 후인 20일째는 정상혈당이 돌아와 모두 끊게 되었다. 특히 약을 복용할 때에 격한 운동을 하면 불시에 겪게 될 무서운 저혈당에서 해방되었다. 하루에 4시간 정도는 빠르게 걷는 유산소운동에서, 20년을 해오던 실내 배드민턴을 다시 즐겼다. 당뇨병에 근육을 만드는 일은 몸 밖으로 배출 되려는 당분을 근육으로 끌어 이동하기 때문에 절대 필수이다.

그는 자신의 신화창조를 위해 악천후 속에서도 아랑곳하지 않고 식사 후에는 고독을 벗 삼아 걷고 또 걸었다. 당뇨에 운동은 필수불가결한 절대적인 보약이었다. 음식을 요리하는 자는 사랑과 정성으로 환자의 몸 상태와 식이요법에 최선을 기우려 일체가 되어야 한다. 가장 중요한 사실은 환자에게 적절한 약물복용, 철저한 식이요법, 적절한 운동에 전념하라. 그리하면 춤추던 혈당은 정상에 이르러 당뇨병은 반드시 그대의 손바닥에 꼭 잡혀지리라 확신한다. (2009. 1. 12)

-당뇨환자 초기(2개월 이내)의 음식 식단표와 요리방법

성인 남자의 하루 총 열량은 2500kcal, 표준체중을 위해서 남편의 하루 총 열량은 1900kcal이고, 한 끼니의 식사량은 640k(칼로리), 남편의 신장 172cm에 적정체중 65kg이 된다. 1일 총 열량을 산정하고 각 식품군별 교환 단위수를 결정해서 끼니별로 배분을 하였다. 식품목록을 선택하여 재료를 중량에 따라 열량을 계산하여 음식을 한다.

표준체중을 위한 1일 총열량, 하루열량의 교환 단위는 곡류군9, 어육류군(저지방2, 중지방3) 채소군7, 지방군4, 우유군2, 과일군2에 속한 식단표를 짰다. 이 때에 1일 열량의 교환단위군 중에서 단위의 숫자는 하루 동안의 반찬종류 수를 말하고 세 끼니에 고루 배분한다. 아래와 같이 식사요법의 식단표를 계획하고 요리한다.

예)아침: 곡류군3, 저지방1, 중지방1 우유군1, 채소군2.

점심: 곡류군3, 중지방1, 채소군3, 과일군1. s

저녁: 곡류군3, 중지방1, 저지방1, 채소군2, 과일군1, 우유군1.

아침식단

현미잡곡밥,2/3공기(150g=300k),아욱된장국1그릇(250g=20k),계란말이(55g=75k), 동태전(50g=50k), 콩자반(7g=20k),

김치(소량=10k), 미나리무침(70g=15k), 우유(200ml=125k), 양념=20k. (아침 총열량: 640k)

점심식단

현미잡곡밥2/3공기(180g),콩나물국(70g=20k),두부구이(80g=75k),쇠고기살코기(탁구공크기40g=50k),버섯(70g=20k)볶음(=70k),갈치구이(50g=75k),김치(소량=10k),시금치무침(70g=20k),양념=20k,간식-과일(배80g=50k), (점심총열량:640k)

저녁식단

현미잡곡밥(300k),오징어 무우국(오징어50g=50k,무우70g=20k)=70k, 생조기구이(50g=50k), 양념=20k, 김치(소량=10k), 쑥갓무침(70g=15k), 우유 1잔(125k), 과일(토마토250g=50k) (저녁총열량: 640k)

국 종류는 아욱, 근대, 무국, 미역국, 김칫국, 콩나물국, 북어국, 푸성귀국, 시금치국, 오징어무국, 쇠고기무국, 계란국, 냉이국, 시금치국 등의 제철에 나는 신선한 재료를 사용한다. 한손으로 살짝 잡은 양이 바로 70g 정도. 바지락을 냉동시켜 국에 꼭 서너 개씩 넣었다.

생선은 고등어, 꽁치, 전어, 갈치 같은 등 푸른 것들은 열량(50g= 75k)이 높지만 살이 단단해서 좋다. 명태와 생조기종류의 흰살 생선은 열량(50g= 50k)이 낮아 아침저녁에 우유를 먹을 때 주로 부침이나 구이를 했다. 콜레스테롤이 많은 계란은 하루1회로 일주일에 5회 정도, 오징어무국을 일주일에 2회를 요리했다.

포만감이 드는 토마토는 조석으로 2회를 섭취했다.

위 식단처럼 하되 각자 식성에 따라 다양하게 바꾸고, 곡류군은 빵, 고구마, 감자, 떡으로 적당량을 교환해서 먹을 수 있다. 그러나 하루에 현미밥, 흰밥, 보리밥 중에서 한 끼 씩 골라 먹으면 되지만, 우리 집은 현미3, 쌀1, 보리+현미찹쌀1, 서리태 콩 한주먹을 넣어 잡곡밥을 했다. 특히 단백질이 풍부한 콩으로 만든 두부(중지방류)를 거의 끼니마다 국이나 부침을 꼭 요리했고, 육류보다는 생선(갈치, 고등어와 같은 등 푸른 종류)으로 했다. 생선이나 육류(중, 저지방으로 구분)는 종류에 따라 칼로리가 다르다. 생선조림은 염기가 많이 들어감으로 초기에는 절대로 피했다.

간장양념은 양파 즙을 내어 마늘과 티스푼의 적은 소량과 새콤한 식초와 물을 섞어 만들었다. 신맛은 입맛을 돋게 하고 싱거움을 잊게 했다. 매끼마다 물김치를 아주 심심하게 담아 발효시켜 먹도록 했다. 이 때 지방군은 음식 할 때 양념을 대신하므로 따로 배분하지 않고 한 끼 총열량을 계산할 때마다 20kg를 합했다. 가급적 몸에 이롭고 칼로리가 높지 않은 재료를 골라 본인이 좋아하는 음식을 중심으로 매 끼니를 골고루 요리했다.

화학조미료 소금, 설탕, 밀가루를 주방에서 모두 없앴다. 간을 맞출 때는 양파와 조선간장과 양조간장, 식초, 올리브유를 이용하였다. 집에서 손수 담근 조선된장으로 매일 끼니마다 다시마와 멸치를 우려낸 물로 각종 야채로 연한 된장국을 새로 만들었다.

나물종류는 미나리가 몸의 독소를 제거하는데 탁월하다고 하여 매끼마다 버섯무침과 함께 상에 올렸다.

나물을 무칠 때는 염기를 조심하고, 야채를 볶을 때는 물과 소량의 간장과 양파를 주로 함께 사용했다. 구운 김이나 어묵과 인스턴트식품은 염기가 높고 가공이라 절대 쓰지 않았다. 음식의 재료선정에 있어서는 제철에 나는 신선한 재료를 활용하는 것이 매우 좋다. 음식은 미리 해 놓으면 염기가 배어든다는 생각에 상 차리기 전에 항상 모두 새로 했다.

초기 환자에게 2~3개월은 염기를 꼭 조심하고, 몇 달 지나면 간을 조금씩 해도 혈당에 변동이 없었다. 대여섯 달 후에는 모든 음식들을 조금씩 먹어도 혈당에 큰 변동이 없이 안정되어 갔다. 첫째 목표는 고혈당을 모든 수단과 방법을 동원하여 반드시 정상혈당에 이르게 하여 계속 유지할 수 있도록 최선을 다해야 한다.

보조식품으로는 인진쑥과 허깨비나무 달인 한약을 계속 복용했고, 말린 두릅 씨를 끓여서 매일 먹도록 했다. 해초를 빠트리지 않고 홍삼과 수삼 달인 물을 매일 복용하도록 했다. 사람에 따라서 각자 체질이 다르므로 병상체험을 참고자료로 적용하되 자신에게 맞는 음식요법으로 활용하라.

남편은 초기 발병 때 철저한 대응으로 3년이 흐른 지금도 약을 복용하지 않고 적절한 식이와 운동으로 정상혈당이다.

이를 당뇨병에 있어서 '근치'라고 한다. 누구든지 병명이 확인되면 당황하지 말고 초기부터 침착한 마음자세로 정상혈당에 이르도록 최선을 다해면 좋은 결실을 맺으리라 생각하면서 글을 맺는다. (2011. 4. 10)

*음식열량을 알 수 있는 카페:
http://www.47kg.co.kr/caldic/calorybook_part_food.asp
(2009. 1. 12)

소인국 황제를 위하여

평소에 건강을 자신하던 남편이 갑자기 당뇨로 병원에 입원하였다. 삼사백을 넘는 고혈당에 시달려서 내 탓인 양 억장이 무너졌다. 그가 언젠가 합병증으로 다리를 자르고 눈이 멀고 신장투석을 할지도 모른다는 두려움에 떨었다. 병실에서 40대 유도선수 출신 남자는 당뇨합병증으로 발가락을 자르고, 뇌출혈로 쓰러져 호스로 죽을 먹고 말도 못했다.

남편은 나흘 만에 퇴원해서도 계속 높은 고혈당에 시달렸지만 식이요법을 어떻게 해줘야 할지 앞이 캄캄했다. 평소에 술을 나보다 더 좋아했기에 슬그머니 화도 났지만, 직장에서 겪었던 중년가장의 고뇌에 가슴이 저몄다. 남편의 건강을 지키지 못한 아내로서 나는 죄인일 수밖에 없었다. 세상을 잊은 채 오직 남편의 혈당을 끌어 내리는 일에 전념하였다.

인터넷을 온통 뒤져 당뇨병에 대한 의학지식과 새로운 정보를 입수하고, 각 음식 재료의 중량과 칼로리를 계산하여 철저하게 식단을 짜기 시작했다. 소량의 음식을 먹어야 하는 남편은 갑자기 작아져버린 나의 소인국 황제가 되었다. 가족이란 몸의 모든 지체처럼 서로에게 소중한 존재였다. 남편에게 갑자기 생긴 새 애인 당뇨와 한판승 카운트다운에 돌입했다.

냉장고 안에 모든 음식들을 버리고 식단표에 맞춰서 저울에 무게를 달아 매 끼니마다 음식을 만들었다. 그를 위해 시장을 보며 소량으로 요리하다가 눈물이 앞을 가렸지만 의연하려고 입술을 깨물었다. 예전에 남편이 좋아하던 과일들을 가족들은 아무도 먹지 못했다. 그는 음식의 유혹 속에서 고통을 겪었고 도움을 줄 수 없는 가족들은 안타까움에 가슴이 저렸다.

중년의 당뇨원인은 유전적 요인, 식생활의 불균형습관, 스트레스, 잦은 음주형태에서 온다. 몸에 누적된 당분이 에너지가 못되어 몸 밖으로 배출되고, 간과 췌장이 인슐린을 적절하게 제때에 보내는 역할에 문제가 생겼다. 고혈당의 지속은 모든 장기에 치명적인 합병증을 동반한다. 아울러 혈액 속에 당분이 높으면 혈관을 막고 당분이 배출될 때 신장에 심한 무리를 준다. 그러므로 생활습관을 바로잡고 약물, 식이, 운동으로 정상혈당을 반드시 만들어야 한다.

문득 병원에서 우연히 읽었던 당뇨전문의가 쓴 최근의학에 근거를 둔 사설이 떠올랐다. 당뇨병은 무서운 병이지만 잘 관리하면 평생을 합병증 없이 예전보다 건강한 생활을 할 수 있다. 먼저 나쁜 생활습관인 음주, 과식, 운동부족, 비만을 바로 잡아라. 어떤 병이든 빠른 대응으로 병을 다스리면 건강을 되찾을 수 있지만, 오래 방치하면 치명적인 합병증을 유발하여 불행해진다. 특히 당뇨병초기 대응은 가장 중요하므로 올바른 지식을 습득하여 바로 실행하라.

가능한 발병초기에 약물 복용, 식이요법, 운동요법을 수단과 방법을 동원하여 강력하게 한 달 안에(공복80~100), (식후100~140) 되도록 무조건 정상혈당에 도달하라. 그리하면 몸과 췌장이 빠르게 회복되어 약을 끊고 식이와 운동으로 조절가능하다. 또 저혈당공포에서 벗어나고 60% 근치내지는 완치에 이르러 합병증 가능성을 최소 줄이게 된다. 어쩌다가 식이와 운동 관리부족으로 후에 혈당이 오를지라도 곧바로 정상혈당을 잡아 조절할 수 있다.

하지만 300대 넘는 고혈당을 계속 방치하면 포도당의 독성으로 가장 먼저 췌장의 베타세포가 서서히 모두 죽게 되고, 몸의 장기들이 심한 합병증의 손상을 치명적으로 입게 된다. 또한 오래도록 약물을 복용하면 후에는 약에 대한 내성이 생겨 몸이 말을 잘 듣지를 않고, 췌장과 신장에 손상을 주므로 췌장기능을 최대한 보존하는 방법을 찾아 치료하라고 했다.

이것은 당뇨병에 대한 최신정보로써 의학논문에서 검증되었다. 최신 당뇨병 의학정보에서는 당뇨 진단 초기에 2가지 화두에 대해서 강력한 치료의 중요성에 매우 큰 비중을 둔다고 한다. 첫째 "당뇨 초기에 강력하게 대처하여 빠른 시일 안에 혈당을 정상화하라." 둘째 "췌장 기능을 최대한 보존하는 방법으로 치료하라."이다. 체험수기자도 이를 실행하여 두 달 만에 약물을 끊고 회복하여 근치하였다는 반신반의한 말이었지만 분명 한 줄기의 희망이 보였다.

낙심하고 있던 남편을 설득하여 고혈당을 잡기위한 전쟁에 돌입했다. 남편은 날마다 궂은 날씨에도 불구하고 하루 4시간 이상을 걷고 또 걸으며 강한 의지로 자신을 다스렸다. 자신과 싸움에서 발병 20일 만에 정상혈당으로 하루에 세 번 먹던 약을 모두 끊을 수 있었다. 5개월 이후 발병 전 75kg에서 표준체중 64kg, 공복혈당최고 350mg/dl에서 80초~90중반, 식후2시간혈당 570에서 120이내, 취침 전 320에서 90~100초반으로 약을 복용하지 않고 관리한다.

당뇨에서 근치란 췌장기능에 60% 베타세포의 소생으로 완전치유는 없다. 그러나 자신의 몸을 관리하여 더욱 건강을 유지할 수가 있다. 남편의 병상체험을 통해서 정상혈당을 유지하는 길은 당뇨병에서 최상의 왕도라고 느꼈다. 우리의 음식문화가 인스턴트식품과 과잉영양섭취와 과도한 음주문화로 당뇨인들이 점점 많아지는 현실이다. 더욱 심각한 것은 당뇨인이나 일반인들은 당뇨병에 대한 올바른 의학지식과 해악에 대해서 매우 무지하였다.

초기당뇨인은 의사의 약물처방과 철저한 식이요법과 적절한 강도 있는 운동으로 빠르게 대응해서 근치하여 행복한 삶을 살아가면 좋겠다. 설사 근치가 못 될지라도 초기의 강력대응은 향후 10년, 20년 후에 따를 합병증 발생은 분명히 줄어든다고 의학계에서 검증되었다. 신약개발과 치료기법들의 끊임없는 발전으로 완치되는 그날이 머지않을 것이라 믿는다.

세상에서 가장 행복한 기준을 사람들은 어디에 둘까. 그저 평범한 일상을 살아가는 일이 더없는 행복이란 소중한 진리를 아픔을 통해서 다시금 깨닫는다. 그에게 불시에 찾아왔던 불청객의 위기는 온 가족의 사랑 안에서 새로운 전환의 기회를 맞게 되었다.

당뇨는 신이 내게 마지막으로 준 선물 같은 축복이라며, 오히려 긍정적인 사고로 자신의 처지를 겸손하게 받아드리는 남편이 고맙기만 하다. 나의 호흡이 다하는 마지막 날까지 소인국황제의 밥상을 사랑과 정성으로 차릴 수 있기를 기도한다. 내 사랑 소인국황제를 위하여!

(2009. 1. 25)

수많은 냇물을 비추는 달처럼

정조의 대망이 서린 옛 조선의 신도시 '수원화성'에서 열린 '수필문학추천작가회 연차대회'에 전국에서 모인 80여명의 회원들과 함께 참석했다. 강석호회장님의 동인지서평에서 수필작가들의 나아갈 길과 사명에 대해서 진지하게 생각하는 소중한 시간을 가졌다. 그곳에 머무는 내내 수원예총회장 김훈동 작가의 따뜻한 인정과 배려는 우리들의 마음을 훈훈하게 하였다.

수원화성이 있는 수원시는 인구 110만 명으로 팔달산, 광교산, 칠보산이 있는 성곽도시로 우리의 고전과 현대건축물이 잘 어우러져 아주 멋스러웠다. 성곽주변에 하얗게 피어있는 갈대군락과 고운 단풍나무의 조화는 깊어가는 가을향취를 물씬 풍겼다. 사랑채 유스호텔에서 일행과 하룻밤을 보내고 이튿날은 수원화성행궁과 성곽주변에 있는 유적들을 답사하였다.

행궁 앞에는 350년 수령의 느티나무 세 그루가 우뚝 서있었다. 산뜻하게 걸려있는 편액에 신풍루(新豐樓)는 정조에게 화성은 '새로운 고향'과 같은 의미라고 하였다. 정조는 천신만고 끝에 왕이 되자 '과인은 사도세자의 아들이다'고 자신의 명분의지를 공포한다. 부친의 묘소를 양주 배봉산에서 수원읍치 화산으로 옮겨 현륭원으로 칭하고 왕실의 정통성을 세운다.

이후에 수원 팔달산 동쪽기슭에 신읍치를 건설하여 새로운 관아와 백성들을 이주시키고 행궁과 화성을 2년에 걸쳐서 축성한다. 정조는 참혹하게 숨져간 부친 사도세자에 대한 애절한 효성으로 묘소를 자주 참배하고 화성행궁에 머물렀다. 이곳에서 한양에 거대한 반대세력에 맞설 수 있는 정치, 군사, 경제적으로 든든한 개혁기반을 삼았다.

수원화성행궁은 사적 제 478호로 건립 당시에는 봉수당, 복내당, 유여택, 신풍루, 남북군영, 우화관, 득중정 등 600여 칸의 정궁형태로 가장 규모가 크고 아름다웠다고 한다. 그러나 낙남헌(洛南軒)을 제외한 모든 시설물들은 일제의 민족문화와 역사말살 정책으로 파괴됐다가 일부를 복원하여 2003년 일반에게 공개되었다.

봉수당(奉壽堂)에는 혜경궁 홍씨 회갑연에 베풀어진 당시에 상황을 일부를 연출해 놓았다. 정조는 모친을 수원까지 모시고 내려와서 잔치를 열어드리는 지극한 효성에 바라보는 사람의 심금을 적셨다. 그녀는 서울 창경궁에서 수원화성으로 내려와서 남편

사도세자의 묘소를 33년 만에 참배하며 만감이 교차하였을 것을 생각하니 마음이 애잔하였다.

역사는 아이러니하게 남편을 죽인 당쟁세력은 부친 홍봉한이 당수인 노론이었다. 천신만고 끝에 아들이 왕이 된 후였지만, 세자가 참변을 당할 때에 부친이 뒤주를 바친 혐의로 홍국영 세력에게 친정이 멸문지화를 당한다. 혜경궁 홍씨는 당시에 비극적인 역사의 산증인으로 기록한 궁중문학의 백미로 불리는 한글내간체 『한중록』이 전해온다.

전대미문의 역사적 참극사건은 1762년 음력 5월 한여름에 창경궁문정전 안뜰에서 일어났다. 장헌세자가 무더위에 뒤주 안에서 8일간 굶주려 숨지는 임오화변(壬午禍變)이 벌어졌다. 영조는 당쟁타파로 심혈을 쏟았지만 오히려 붕당정치에 휘말려 자식을 참혹하게 죽인다. 후에 자신의 과오를 크게 뉘우치고 아들에게 사도(思悼)라는 시호를 내려 애도한다.

행궁입구에서 옛 군복을 입고 무술연습을 하는 이들은 장용영(壯勇營)의 외영군사들로 당시에 왕권강화로 창설한 국왕 직속친위부대이다. 호위대들이 익혔던 무예 24기(技)는 한국, 중국, 일본의 우수한 무예를 수용하여 무예 18기에 마상무예 6기를 합하여 『무예도보통지』에 전해온다.

수원화성의 동서남북 4대 관문으로 창용문, 화서문, 팔달문, 장안문이 있으며 적의 동정을 관찰하는 공심돈(空心墩)이 세 곳에 있었다. 성의 길이 5,7km 성곽축조에는 석재와 벽돌을 병용하여 화살, 창검, 총포의 방어기능으로 근대적 성곽구조를 다양하게 잘 갖추었다.

정약용이 개발한 거중기와 녹로는 도르래의 원리로 무거운 물건을 쉽게 높이 들어서 원하는 위치에 놓을 수 있었다. '화성성역의궤'에서 전하는 화성축성법은 구조배치가 과학적이며 장엄한 면모로 동서양의 군사시설이론이 잘 반영되었다. 이러한 기계장비를 활용하여 용재를 규격화한 뛰어난 독보적 건축물의 평가로 1997년 유네스코에 세계문화유산으로 지정되었다.

화성박물관에 들려서 정조와 신하들의 역사적 고증들을 감명깊게 돌아보고, 화홍문, 팔달문, 동북각루 '방화수류정' 등의 빼어난 건축미와 주변경관의 수려함에 저절로 감탄사가 나왔다. 가장 한국적인 우리의 것이야말로 세계제일이라는 생각에 가슴이 뿌듯하고 자랑스러웠다.

정조는 화성축조건설에 참여한 백성들에게 절대로 피해와 어려움이 없도록 많은 보수를 주고 추위와 더위를 피해서 공사를 하였으며, 백성들의 생활이 풍족하도록 상업을 적극 장려하여 세금면제로 시전을 열어주었다. 화성은 정약용, 유형원의 실학사상을 지침으로 영의정 채제공이 성을 주관하고 화성유수 조심태와 백성들이 한마음으로 이룩한 꿈의 신도시였다.

문득 정조가 겪었던 세손시절이 가슴 아프게 떠올랐다. 열한

살에 할아버지에게 아비를 살려달라고 간절히 애원했지만 끝내 참혹하게 죽어가는 부친을 목도한다. '나는 하늘을 꿰뚫고 땅에 사무치는 원한을 안고서 죽지 못해 살아 있는 사람이다. 바늘방석에 앉은 것처럼 항상 두렵고 달걀을 포개 놓은 것처럼 위태롭다'고 비통함을 「존현각 일기」에 적어놓았다.

그는 노론세력의 위협으로 밤잠을 전혀 이루지 못하는 고난을 이겨내고 왕이 되었다. 가장 먼저 100여 년에 당파싸움으로 피폐한 조선사회전반에 개혁의 필요성에 "지금이 지킬 때인가, 바꿀 것인가. 지금 고치지 않으면 장차 나라가 망하게 될 것이다"고 역설한다. 그토록 많은 정적들을 중용으로 포용하여 대통합의 정치를 실현하는 진정한 성군의 길을 걷는다.

먼저 인재를 고루 등용하는 탕평책에 온 심혈을 쏟으며 규장각을 설치하여 검서관들을 서얼출신 이덕무, 유제공, 박제가 등을 등용하여 신분을 타파하였다. 이에 당파와 신분을 초월하여 수많은 인재들이 규장각에 모여들어서 학문의 꽃을 피우고 혁신정치에 중추가 되었다.

정조는 문무를 겸비한 왕으로서 모든 분야에서 뛰어나 신하들을 능가하였고 활을 잘 쏴서 신궁으로 불렸다. 정조의 4대 개혁정치는 '인재의 고른 등용', '백성이 잘사는 경제회생', '강한 군대양성', '튼튼한 국가재정 확립'이었다. 그토록 백성과 함께 간절하게 꿈꾸었던 새로운 세상은 1800년 6월, 49세 의문의 죽음으로 애통하게 사라지고 말았다.

팔달산에서 화성열차를 타고 성곽을 둘러보며 한눈에 보아도 견고함에 감탄하면서 당시에 축성공사의 모습들이 눈앞에 아른거렸다. 이어서 일행과 행궁뒷산에 정조가 군사를 지휘했던 서장대에 오르자 수원 시내가 한 눈에 보였다. 만약에 정조의 개혁이 성공했다면 조선은 근대사로 도약하는 큰 발판이 되어 새로운 역사를 썼을 것이라는 상념에 마냥 아쉬웠다.

200여 년 전에 정조가 자신을 이르러 '수많은 냇물을 비추는 달과 같은 임금(萬川明月主人翁)'이 되고자 간절히 고뇌하던 안타까움에 가슴이 저려왔다. 오늘날에도 끝나지 않은 정치당쟁 속에 살아가는 우리들에게 역사를 통해서 많은 의미를 부여받는다. 장안문에서 뒤돌아본 수원화성은 성군의 위대한 미완의 꿈이 아직도 숨 쉬고 있는 듯 하였다. (2010. 11. 18)

5부

앙코르 미소

· 왕궁 앞에 코끼리테라스는 왕의 연설과 군대열병 행사에 쓰였던 350미터 웅장한 광장이다. 규모로도 얼마나 많은 사람들의 규합장소인지 알 수 있었다. 코끼리 테라스의 옹벽은 온통 코끼리로 장식하고, 입체적으로 만들어 놓은 코끼리 행진이 테라스의 양쪽 끝에 정교하게 새겨졌다.

로마의 영광을 찾아서

영원한 도시로 일컫는 로마는 수많은 유적 속에 현대건축물이 조화롭게 잘 어우러져서 매우 인상 깊었다. 세계사에서 1500년을 군림하며 유럽에서 로마제국의 영향을 받지 않은 나라는 거의 없었다. 역사의 유래는 기원전 753년 군신 마르소와 여사제 레아 실비아 사이에서 태어난 쌍둥이는 들판에 버려져 늑대의 젖을 먹고 자란다. 훗날 로물루스는 레무스를 죽이고 테베레강 동쪽 팔라티노 언덕위에 로마를 세워 도시국가를 형성한다.

수많은 인파로 붐비는 세계에서 가장 작은 0.44평방km 가톨릭의 총 본산 바티칸시국을 찾았다. 성베드로대성당(Basilica Sancti Petri)은 1337년 교황 율리우스 2세 부탁으로, 라파엘, 안토니오 다 상갈로, 미켈란젤로에 의해 가장 웅장하고 아름답게 완성했다. 원래는 네로원형경기장터였는데 베드로는 복음을 전파하다 67년 십자가에 거꾸로 순교한 곳이다. 그의 청동상 앞에는 수백 년 동안을 순례자들이 발에 입맞춤하여 오른쪽 발가락이 많이 닳아 있었다.

대성당 안에 청동천개는 매우 우아하고 아름다웠다. 미켈란젤로의 설계와 베느니니가 만든 르네상스 바로코 양식 중에 최고 걸작이다. 제단아래 베드로 무덤에는 99개 등불이 항상 꺼지지 않고 무덤을 밝힌다. 가장 감동적인 미켈란젤로의 "피에타 그로테(비탄)"는 예수 그리스도의 시신을 안고 슬픔에 잠겨있는 성모 마리아의 모습이었다. 만인을 위해 십자가에 속죄물이 된 자식을 바라보는 거룩한 모정의 비통한 심정은 내 마음을 온통 흔들어 놓았다.

'시스틴 소성당'에서 미켈란젤로 '최후의 심판'과 '천지창조'의 천정화에서 6백년 세월을 초월한 예수그리스도와 12제자의 복음사역을 느꼈다. 박물관에서 인간의 고통과 분노를 표현한 '라오콘상'은 매우 인상적이었다. 라오콘사제는 트로이목마의 진실을 말하려던 순간에 두 아들의 급보에 뛰어나가 뱀에게 휘감겨 함께 죽어가는 참혹한 순간을 포착한 작품이었다.

한편에 동물가죽위에 앉은 젊은 남자의 완벽한 복근근력미가 아름다운 미완성의 몸통 토르소조각상이 있었다. 이는 기원전 그리스 아폴로니우스작품인데 누군가 미켈란젤로에게 "당신의 스승은 누구십니까."라고 물었더니 "내 스승은 바로 이 토르소다" 하였다. 토르소인물은 '자살하기 전에 고뇌하는 아이아스'라는 많은 추측과 로댕의 '생각하는 사람' 모티브가 되었다.

로마문화는 그리스문화의 영향을 많이 받았지만 그리스문화가 이상적이고 창조적인데 비해서 로마문화는 실천적이고 실용적이다. 가장 주목할 만 한 것은 건축과 법률을 말한다. 로마는 콜로세움, 수도시설, 개선문 등의 건설과 법률은 후세와 유럽에 널리 전파되어 큰 영향을 끼쳤다. 레오나드로 다 빈치, 미켈란젤로 보나로띠, 라파엘로는 로마를 빛낸 위대한 화가들이었다.

베르니가 만든 세계에서 가장 아름다운 '성 베드로광장'에는 분수와 오벨리스크 사이에 지정된 장소에서 보면, 넉 줄의 원주가 포개져 마치 맨 앞줄의 원주만 있는 것처럼 신기했다. 50만 명을 수용하는 거대한 광장은 240m 폭의 완벽한 타원형으로, 광장을 둘러싼 웅장한 화랑에는 넉 줄로 도열된 284개 도리아식 원주위에 140분 성인들이 서있다. 중앙에 태양과 불사상징인 거대한 오벨리스크 위에 예수님의 십자가 일부가 보존되어 있다고 한다.

나보나 광장에 바로크풍의 세 분수 중에 오벨리스크 탑 아래 베르니니가 설계한 4대강 분수는 갠지스 강, 나일 강, 다뉴브 강, 라플라타 강을 상징한다. 주변에 트레비 분수는 바로코 양식의 가장 아름다운 분수로 반인반수 트리톤이 양쪽에서 이끄는 전차 위에 해신 넵튠이 서 있었다. 전설에 분수를 등지고 왼쪽너머로 동전을 던지면 로마에 회귀하고, 두 번 던지면 사랑이 이루어진다하여 호기심에 동전을 한 번 던졌다. 바라다본 호수 안에는 동전이 수북하였다.

무더위에 목이 말라 사먹은 본 젤라또 아이스크림은 소문대로 매우 부드러웠다. 주변에 스페인광장은 '로마의 휴일'에서 오드리 햅번과 그레고리 펙 주연의 영화무대로 감동 깊게 보았던 모습처럼 아름다웠다. 수많은 인파 속에 스페인계단에는 철쭉꽃이 피었다 지고 있었다. 계단아래 수백 년 된 카페는 스탕달과 발자크 바그너의 사취가 따뜻하게 느껴지는 늣하였다.

거대한 오벨리스크가 세워진 '판테온 신전'은 모든 신들의 뜻으로 기원전 25년 집정관 아그리파가 올림푸스의 일곱 신들의 제사를 위해 건축했다. 609년 성모 마리아에게 헌정되어 역대 교황들의 관심 속에 가장 완벽하고 신비로운 고대 유적의 원형대로 아름답게 보존되었다. 내부모습은 각기 다른 기하학적 모양들(사각, 원주, 원형)이 복합적으로 합쳐있었다. 신전 뚜껑은 성베드로성당의 '청동천개' 제조에 사용되어서 하늘이 훤하게 보였다.

공회정 아래에 넓은 내선차 운동경기상은 「벤허」 영화에서 전차경기에 쓰였던 곳이다. '진실의 문'은 코스메틴 산타마리아 성당현관에 수호신처럼 새겨진 둥근 부조 상으로 강의 신 호르비오의 얼굴이다. 로마시대에 하수구 뚜껑이었는데 거짓말을 하는 사람이 입에 손을 넣으면 잘린다는 전설이 전해온다. 남편과 함께 손을 살짝 넣어보고는 즐겁게 웃었다.

'포로 로마노'는 고대로마 BC 6세기경부터 상업, 종교정치의 중심지로 서유럽을 장악하였다. 로마는 종신집정관 케사르 사후에 옥타비아누스, 안토니우스, 레피두스가 삼두정치로 새 시대를 개막한다. 기원전 31년 옥타비아누스는 악티움전투에서 대승하여 '아우구스투스황제'라는 칭호로 대 로마제국의 시대가 전개되었다. 흔적이라곤 허물어진 돌덩이들만 남겨진 공화정의 폐허를 찾았다. 그토록 위대했던 영웅들의 자취와 로마의 영화를 대신하여 충격으로 다가왔다. 인생의 무상함에 무심히 쳐다본 푸른 하늘가에는 흰 구름만 두둥실 흘러가고 있었다.

콘스탄티누스개선문을 지나 '플라비오의 원형극장'이었던 콜로세움(Colosseum)을 찾았다. 건축물의 길이 188m, 156m, 높이 48.5m, 80개 아치와 55,000명 수용에 외벽은 잿빛 석회석이었다. 외부상단에 돌출한 각주에 밧줄을 연결한 거대한 '베라리움'은 햇빛을 가려줬고, 화재 때는 15분 안에 관객들을 탈출하도록 설계했다. 도리아식 1층은 왕족, 이오니아식 2층은 귀족, 코린트식 3층~4층은 평민관람으로 여성전용자리와 각층에 수세식화장실이 설계되었다.

당시에 로마인들의 뛰어난 건축기술은 현대에 뒤떨어지지 않을 만큼 놀라울 경지였다. 이곳은 72년 베스파시아누스에서 523년 데오도시우스에 이르도록 맹수와 검투사의 대결장과 기독교인들의 순교지로 사용됐다. 수많은 생명의 희생은 황제에게는 영광을, 시민에게는 즐거움을 주는 야만적인 로마인들의 노리개로 죽어갔다. 문득 이곳에서 성도들이 믿음의 지조를 지키려고 맹수들에게 산채로 참혹하게 죽어가던 영화의 장면이 떠올라 마음이 몹시 아팠다.

오렌지 빛 석양이 보랏빛으로 식어 갈 즈음에 아쉽게 발걸음을 돌리는데, 거대하고 웅장한 회색빛 콜로세움에서 죽음의 살기가 섬뜩하게 전해 오는 듯하였다. 로마인들의 뛰어난 지혜와 재능은 세계사에 위대한 문명을 탄생시켰다. 그러나 로마의 영광을 위해 수많은 사람들의 고통과 무고한 생명들의 희생으로 이루어졌다는 사실 앞에 마음이 숙연해졌다. 이탈리아인들의 숨결을 간직한 역사현장에서 영원히 잊지 못할 깊은 감동을 가슴에 간직하였다.

(2002. 5. 4)

스위스 빈사의 사자상

스위스는 어릴 적에 감동 깊게 읽었던 세계명작동화 요한나 슈피리(Johanna Spyri)의 『알프스 소녀』를 생생하게 추억한다. 맑은 영혼의 어린 하이디가 알프스 마이엔펠트 푸른 초원에서 염소와 뛰어놀며 할아버지와 행복하게 살았던 곳이다. 알프스는 나의 유년시절부터 가장 가고 싶었던 그리운 곳으로 남편과 함께 여행을 떠나게 되어서 마음이 무척 설렜다.

루체른호텔에서 여독을 풀고 새벽에 일찍 일어나서 브루너호수와 마을을 산책했다. 유럽풍의 작은 집들과 푸른 목장 주변에 예쁜 봄꽃들이 지천으로 피어있는 모습에 저절로 탄성이 나왔다. 산봉우리에 모자처럼 쓴 만년설 아래로 흘러내리는 냇물은 명경지수처럼 맑았다. 문득 온갖 폐수와 무분별한 난개발로 오염되어 상처받고 있는 고국의 산하가 안쓰럽게 떠올랐다.

루체른 근방에 알프스 여왕봉 리기산(1800m)등반을 위해 피츠

나우 마을에서 작고 귀여운 빨간 산악열차를 탔다. 수많은 전설을 간직한 만년설 아래로 끝없이 펼쳐진 푸른 생명들의 신선함에 감탄사가 저절로 나왔다. 스위스에서 가장 높고 아름다운 알프스산은 융프라우요흐이다. 4,158m 정상아래 3,454m까지 유럽에서 가장 먼저 산악열차가 생겨서 운행을 한다.

리기산 정상은 알프스 만년설의 냉기에 온몸이 꽁꽁 얼어버렸는데, 눈앞에 펼쳐진 풍경은 무엇으로도 표현할 수 없는 장관을 이루었다. 수 천리 절벽아래는 하얀 구름이 바다처럼 자욱하고, 만년설 산봉우리 품에서 잉태한 푸른 강들은 태고의 생명을 간직한 채 흘러갔다. 산등성이에 펼쳐진 눈부신 에메랄드빛 초원 위에 작고 예쁜 집들이 대자연의 품에 안겨있었다.

산악열차를 타고 칼트발트의 중부 알프스를 거쳐서 케이블카로 베기스(Weggis)선착장에 도착하여 피어발트슈테터의 루체른호수에서 유람선을 탔다. 호숫가에 멋진 중세건축물들과 푸른 숲이 어우러신 풍경은 눈부시게 아름답고 경이로웠다. 험악한 산악지대의 열악한 환경에도 지혜롭게 순응하면서 자연과 융화하여 평화롭게 살아가는 모습은 매우 감동적이었다.

호반의 도시 루체른(Luzern)시내에 도착하여 중앙역을 거쳐 두 개의 철탑이 우뚝 솟은 르네상스 호프교회가 보였다. 이곳에 4950개 파이프로 만들어진 오르간의 장엄함은 최고의 음색을 자랑하며 여름음악제나 예배시간을 통해서 감상할 수 있다. 문득 시간적 여유가 있다면 예배에 참석하여 파이프오르간의 아름다운 선율에 따라 감사의 찬양을 힘껏 부르고 싶었다.

루체른 인근에 알프스산은 리기, 필라투스, 티틀리스의 만년설이 흘러 들어와 카펠교 아래 로이스 강으로 흘렀다. 카펠교(kapellbrucke)는 14c 축조된 유럽에서 가장 오래된 길이 200m에 지붕 덮인 목조다리이다. 다리 위를 천천히 걸으면서 지붕들보에 걸린 스위스역사와 루체른을 상징하는 수호성인들의 생애를 표현한 112매의 삼각형 판화를 즐겁게 감상하였다.

물의 탑 팔각형석조 바서투름(Wasserturm)은 중세에 등대, 루체른의 방위탑, 종각, 공문서보관소, 감옥으로 다양하게 사용했다. 강물위에 놓인 카펠교와 바서투름의 모습은 주변에 중세풍의 스위스 구시가지와 어우러져 몹시 멋스러웠다. 수백 년에 걸친 온갖 풍상이 깃든 고풍스런 건물들 그림자가 가만히 잠겨있는 강물위를 백조가족들이 우아하게 헤엄쳐 다녔다.

호프교회에서 북쪽으로 도보 400m 작은 연못 뒤로 회색 사암 바위절벽에는 빈사(瀕死)상태로 쓰러진 사자상이 보였다. 숫 사자는 등에 심장을 뚫고 나온 부러진 창에 만신창이 되었다. 슬픔에 젖은 사자의 머리맡에 꺾인 창과 스위스방패가 놓여져 있고, 쓰러진 발밑에는 프랑스 부르봉왕가의 흰 백합 문장이 새겨진 방패를 가슴에 품고 고통스런 최후를 맞고 있었다.

이를 '빈사의 사자상'(The dying Lion of Luzern)이라 부르고, 스위

스에서 가장 아름다운 루체른시를 상징한다. 유래는 1789년 프랑스대혁명 때에 파리 튈 트리궁전에서 루이 16세의 왕가를 수호하다가 전멸한 용맹스런 스위스용병 786명의 안타까운 죽음을 기린 형상물이다. 1821년 덴마크 조각가 베르텔 토르발드젠의 작품을 독일인 카스아 호른에 의해 완성했다.

옛날에 스위스는 지형적인 열악한 환경 속에서 사람이 생활하기가 어려웠다. 남자들은 가족들을 위해서 주변국의 왕궁이나 귀족들의 호위병으로 30만 명이 넘는 수가 용병을 떠났다. 스위스용병들의 용맹스러움과 충성심은 가히 누구도 따를 자가 없었다. 그중에서 희생자들은 프랑스 부르봉왕가의 궁전경비계약을 맺고 있었는데 프랑스대혁명을 겪게 되었다.

시민혁명군은 그들에게 마지막 퇴각기회를 줬지만 최후까지 왕가를 수호했다. 당시 전사한 스위스용병이 가족에게 보낸 마지막 편지에 "우리가 지금 살기위해 도망을 간다면 앞으로 누가 우리 후손늘을 신용하며 용병을 맡기겠는가. 후세를 위해서 기꺼이 죽음을 선택하기로 했다."라고 쓰였다. 이들의 용맹과 충성은 현재 바티칸 교황청수비병에 스위스후손이 계승한다.

고통 속에서 죽어가는 사자를 가만히 바라보고 있으면 가슴 속에서 형용할 수 없는 뜨거운 전율이 밀려온다. 아름다운 루체른에서 이들의 슬픈 역사 앞에 마음이 저절로 숙연해졌다. 스위스용병들의 후손들에 대한 끝없는 사랑은 나의 마음을 한없이 뜨겁게 적셨다. 이를 두고 마크 트웨인은 "세상에서 가장 슬프고도 감동적인 바위(Lowendenkmal)"라고 묘사했다.

스위스에 로취베르크와 고타르드터널은 길이가 34.6km와 18km로 세계에서 가장 길다. 2015년 완공예정인 고타르드(Gotthard)터널은 57km에 이른다. 이탈리아 방향으로 고타르드터널로 통과하는데 약 30분 정도 걸렸다. 수천 미터 알프스 융프라우요흐에 산악열차를 놓고 험한 석회석 암반을 뚫는 이들의 뛰어난 토목기술에 세계를 놀라게 한다.

고난의 역사와 열악한 환경을 강한 의지와 피나는 노력으로 극복한 장한 스위스 인들에게 진한 감동을 받았다. 조상들이 물려준 목숨처럼 소중한 신용을 바탕으로 고도의 첨단반도체산업과 금융부분과 여러 분야의 비즈니스사업은 세계인들에게 가장 신뢰를 받는다. 천혜의 아름다운 자연 속에서 행복하게 살아가는 이들은 현재 국민소득 4만$로 세계 1위이다.

아름다운 호반의 도시 루체른을 남겨두고 아쉽게 떠나오는데, 이들 특유의 목소리로 자연의 아름다움을 노래 부르는 요들송이 귓가에 은은하게 들려오는 듯하였다. 마음속으로 나의 영원한 친구 하이디를 향해 따뜻한 마음으로 이렇게 응답했다. "용맹스러웠던 스위스용병들의 자랑스러운 후예들이여! 그대들이 진정한 챔피언이다."라고. (2002. 4. 30)

베니스에서 아침을

세계의 패션을 주도하는 이태리 밀라노에 도착하였다. 울창한 가로수아래 수백 년 된 좁은 도로 위에는 소형전차와 각종 차량들이 인파에 섞여서 질서정연하게 분주했다. 길 한편에 좁은 공간에는 작고 귀여운 소형차들이 다량으로 주차되어 있었다. 현대식 건물이 거의 없는 이국의 거리에서 과거와 현재가 동시에 공존하는 듯 아늑하고 생소한 느낌이 들었다.

중세에 건축한 스포르체스크성에 잠시 들렀다가 '밀라노 대성당(Duomo di Milano)'을 찾았다. 높이 157m, 너비 92m 세계 2번째로 웅장한 고딕양식이다. 1386년 착공하여 다양한 건축양식도입에 따른 건축가들의 이견으로 450년간에 완성했다. 5개의 문중에서 중앙문은 '천국의 문'이며, 모든 문은 안쪽으로 열려서 교회가 세상에 모든 것을 포용하는 뜻이다.

건축물에는 3천여 남짓한 조각군과 수백 개의 유리첨탑이 어우러져 장관을 이루었다. 내부에 화려한 스테인드글라스 '장미의 창'과 장엄한 황금빛의 대성당은 석양에 눈이 부시었다. 정성이 깃든 섬세한 예술품에서 장인들의 고단한 숨결이 들려오는 듯 했다. 광장에 빅토리아 임마누엘 2세 동상 앞에는 말로만 들어왔던 세계적 오페라의 메카 스칼라극장이 보였다.

빅토리아기념관에 아케이드바닥에는 황소모자이크가 새겨져 있었다. 표시부분을 뒤꿈치로 밟고 시계방향으로 두 바퀴를 돌면 소원을 이룬다고, 수많은 사람들의 흔적은 타일바닥이 동전크기로 움푹 패었다. 세계적 나폴레오네 명품거리에는 가게마다 각종 유명상품들로 가득하였다. 이탈리아 스파게티로 석식을 마치고 밀라노 중앙역 앞에 호텔에서 여정을 풀었다.

이튿날 베니스를 향한 유람선에서 수학여행 온 성숙해 보이는 나폴리고교생들과 잠시 대화를 나눴다. 우리부부를 일본인으로 오인하여 한국인이라고 바로 잡아주고, '서울올림픽'을 기억하는지 묻자 학생들은 웃으며 반색을 하였다. 세계 속에 한국의 위상을 높여서 마음 뿌듯했으나, 남북한 어디에 사느냐 물음에는 반세기 넘는 민족분단 앞에 가슴이 몹시 아팠다.

세계유일의 해상도시 베네치아는 영어로 베니스라 불렸다. 9~15c 지중해상권의 중심을 장악하면서 아시아까지 진출하여 동서양문화의 교량역할을 하며 발전했다. 초대도제 '오르소 이파티'에 의해 해상공화국으로 1000년 군주국의 독자적인 문화를 갖고 '아드리해의 여왕'으로 불리며 번창하였다. 인구는 약 30만 명에 120개의 작은 섬과 150여개 운하로 연결되었다.

화창한 봄을 맞은 베네치아는 세계각지에서 모인 여행객들로 발 디딜 틈 없는 축제분위기였다. 산마르코 광장입구에 높은 두 개의 원추기둥 위에 베네치아공화국을 상징하는 날개달린 사자상과 테오도르 성인이 서있었다. 광장으로 들어서자 햇살에 빛나는 산마르코성당의 화려한 부조와 돔은 눈이 부실 정도로 이국적인 아름다움에 저절로 탄성을 자아냈다.

베네치아의 상징인 산마르코 대성당(Basilica San Marco)은 9세기 로마네스크양식의 유럽최고건축물로 황금바실리카라고 일컫는다. 마르코 폴로가 아시아를 다녀온 후에 동방의 영향으로 로마네스크와 비잔틴의 복합적 건축양식으로 지어졌다. 정면에 세 개의 깃발이 바람에 펄럭이었고, 내부는 작은 모자이크와 대리석으로 섬세하고 아름답게 장식되어 있었다.

대성당의 현관 벽에 그려진 '최후의 심판' 벽화와 부조의 배경은 모두 성서적이었고, 내부에 둥근 천장모자이크도 구약성서를 소재로 하였다. 성당 안에 금박과 보석으로 치장된 황금제단 팔라도로(Pala d'Ore)는 산마르코성당을 대표하는 보물로 수차례 복원공사를 거쳤다. 제단 모습은 눈이 부셨고 온갖 보석으로 장식된 십자가는 화려함의 극치를 보여줬다.

돔 꼭대기에 마르코성인이 세워져 있었고 날개달린 찬란한 황금사자상아래에 네 필의 청동마가 서 있었다. 말들은 기원전 400년~200년경 작품으로 십자군이 콘스탄티노플에서 가져왔다가, 18세기 나폴레옹의 약탈로 프랑스에서 회수해 왔다. 822년 이집트 알렉산드리아에서 마르코성인(요한사도)의 유해를 돼지의 뱃속에 숨겨와 성당지하에 모셨다고 한다.

성당 곁에 96m 거대하고 높은 대종루가 끝없이 넓은 푸른 바다를 멀리까지 굽어보며 당당하게 서 있었다. 산마르코광장은 고풍스런 3층 중세건물에 둘러싸여 있었다. 나폴레옹 말처럼 광장은 우아하고 포근한 멋진 응접실 같았다. 악사들이 연주하는 감미로운 음악이 흘러나오는 카페에서 아이스크림과 커피를 들면서 남편과 잠시 오붓하게 낭만을 즐겼다.

광장입구 오른쪽에 연한 분홍색 장미레이스의 기발한 표현발상으로 건축한 화려하고 아름다운 두칼레 궁전이 매우 인상 깊었다. 마치 동화 속에 아름다운 공주가 금방이라도 뛰어 나올 듯 멋지고 환상적이었다. 9세기에 건축하여 옛 베네치아공화국의 권력과 영광을 상징하였으며 총독부 도제거주지로 사용되다가 현재는 정부청사로 쓰였다.

궁전 곁에 길이 3~4m '탄식의 다리'는 두칼레궁과 피리지오니 누오베라감옥을 연결하였다. 죄수들이 궁에서 재판을 받고서 감옥으로 이동하며 다리위에 서 있는 가족들을 마지막으로 볼 수 있게 했다. 다리위에서 죄수가 지나가는 통로를 바라보며 가족의 안타까운 심정을 떠올려보았다. 세기의 난봉꾼이었던 카사노바가 종교모독죄로 갇혔다가 최초로 탈출을 하였다.

이곳은 어릴 적에 읽었던 셰익스피어 '베니스의 상인'의 배경이다. 안토니오는 절친한 친구를 위해 유태인 고리대금업자 샤일록에게 돈을 빌리지만 제 때 갚지 못한다. 재판에서 포셔 판사는 악랄한 샤일록에게 "살덩이 1파운드를 꼭 원한다면 계약서대로 하되, 피 한 방울이라도 떨어진다면 너 역시 처벌을 각오해야한다."라는 명 판결이 떠올라 웃음이 저절로 나왔다.

베네치아에서 오직 교통수단으로 쓰이는 곤돌라는 세계에서 가장 낭만적인 나룻배이다. 택시처럼 통행에 따른 규범에 따라 운행하고, 사공은 반드시 검은 정복에 줄무늬 상의셔츠를 입고 '곤돌리에레'가 대대로 세습된다. 곤돌라는 원래 화려하고 다양하게 만들어져 귀족들이 탔었는데, 15c무렵부터 사치스러움을 없애기 위해 까만색으로 모두 규정을 했다고 전한다.

남편과 곤돌라를 타고서 베네치아를 감상하는데 마음이 평안하고 매우 낭만적이었다. 건물사이에 아치형다리 밑으로 곤돌라가 유유히 통과하자 꿈속에 동화나라를 온 것 같았다. 코발트 하늘빛의 푸른 바닷물 속에 오랜 세월동안 잠겨있는 건물들 곁을 스쳐 지나갔다. 수천 년 전에 베네치아 인들의 일상생활 속으로 빨려 들어가는 듯한 아득한 평화로움에 젖어들었다.

청명한 봄날을 맞이하여 산마르코광장에 비둘기 떼들이 수많은 인파에 섞여서 먹이를 먹다가 푸른 하늘가로 높이 날아올랐다. 석호위에 이토록 아름다운 물의 도시를 건축한 베네치아 인들의 뛰어난 지혜에 감탄을 하였다. 그들의 위대한 자취와 예술혼의 숨결을 직접 체험하고 느끼면서 나의 존재를 조용히 성찰할 수 있는 좋은 기회를 가졌다.

아주 먼 옛날 동방에 우리조상들은 베네치아 인들과 동시대에서 어떤 삶을 살았을까 떠올려 보았다. 우리들도 조상들이 물려준 위대한 유산들을 이들처럼 소중하게 여겨서 희망찬 미래를 창조하는데 밑거름으로 삼아야겠다. 베네치아의 아름다운 모습은 나의 추억과 함께 언제까지나 그곳에 영원하리라. "Arriveder La Venezia!" 베네치아여 안녕! (2002. 5. 2.)

세느 강에 사랑이 흐른다

유럽에서 가장 오랜 역사를 가진 파리는 고대, 중세, 근대, 현대에 이르는 여러 문명이 함께 존재하였다. 인종은 BC 3세기 말 세느 강 갈리아에 정착으로, BC 9세기 켈트계 갈리아인의 이주로 지금까지 가장 다양하게 형성되었다. 현재는 패션, 미술, 문학, 예술, 교육, 산업을 세계의 중심에서 선도한다. 강폭이 좁고 검푸른 세느강은 파리를 좌우로 가로질러 유유히 흘러갔다. 강 주변에 빼어난 예술적인 건축물들은 유네스코가 인정한 세계적 유산들이다.

시테섬에 위치한 노트르담성당(Cathedrale Notre Dame de Paris)을 찾았다. '우리의 어머니'라는 의미로 성모께 헌정한 가장 완벽하고 안정감 있는 고딕양식 중에 최고로 손꼽힌다. 슐리 사제가 1163년부터 170년간에 완성한 9천명을 수용하는 69m 웅장한 건축물이다. 회색빛 고딕풍의 웅장한 건축기법은 신에 대한 영성과 빛의 미학을 최고조로 표현한 듯 했다.

정문 왼쪽부조에는 성 드니가 잘린 목을 손에 들고 천사들과 서있었고, 중앙문은 방사상으로 직경이 10m 되는 2개의 거대한 '장미의 창'이 있었다. 정문 위에 예수님과 사도들의 모습을 뷔올레 르딕이 환상적으로 아름답게 새겼고, 하나님의 축복과 최후심판 장면은 놀랍도록 섬세하게 묘사되어 있었다. 건물 벽에 촘촘히 새겨진 모든 부조들은 성서적이었다.

성당 안에는 절제된 위엄 속에 검은 십자가와 거대한 파이프오르간과 성모의 하늘을 향해 두 팔을 벌린 피에타상이 인상 깊었다. 한편에 작은 촛불을 켜서 잠시 주님의 은혜에 감사와 소망을 기원 드렸다. 햇빛각도와 강약에 따라서 새로운 빛깔을 연출하는 유리창의 아름다움에 탄성을 자아냈다. 이는 '장미의 창'으로 매우 장엄하고 화려한 13세기 스테인드글라스이다.

건물난간에 물받이로 쓰이는 다양한 악마조각상(gargoyle)들은 수많은 여행객들을 재미있는 표정으로 굽어보고 있었다. 빅토르 위고 '노트르담의 꼽추'의 배경이 되었다. 종지기꼽추였던 콰지모드와 아름다운 집시처녀 에스메랄다의 지고지순한 미완의 사랑이야기가 들려오는 듯 했다. 이곳에는 십자군전쟁 때에 가져온 예수님의 가시면류관을 보관하고 있다고 하였다.

파리를 상징하는 에펠탑(Tour Eiffel)을 찾았다. 1889년에 개최한 세계박람회기념으로 귀스타프 에펠이 프랑스산 강철로 세운 높이 312m 아치형철탑이다. 거대한 철탑아래에 수많은 인파 속에 오랜 시간을 걸려서 에펠탑 3층 전망대에 올랐다. 파리시내는 개선문을 중심으로 12개 방사선도로의 구획정돈이 잘 되었고, 푸른 숲과 어우러진 세느강은 매우 아름다웠다.

에펠탑은 애초에 찬반양론이 많았다는데 오늘날에 파리의 명물이 되었다. 먼 곳에 갈색의 높은 건물은 신개선문이 있는 라데팡스의 56층 '몽파르 나스타워'였다. 에펠탑 건너편에 부채꼴모양의 샤이오궁전은 파리 만국박람회기념으로 건축했다. 내부에 해양, 인류, 영화, 프랑스문화재 박물관과 많은 조각가들이 만든 예술품들로 이루어진 아름다운 정원을 거닐었다.

드골광장에 개선문(Triumphal Arch)은 로마 콘스탄티누스개선문을 모방하여 806년 나폴레옹의 명으로 30년간 웅장하게 건설하였다. 높이 49m의 프랑수아 뤼르의 작품으로 일명 마르세예즈(La Marseillaise)는 잔다르크와 나폴레옹군대의 승전을 생동감 있게 부조로 나타냈다. 안에는 600명의 참전군인의 이름을 새겼고 광장 한편에는 무명용사기념비가 있었다.

개선문을 지나서 중앙대로에 샹제리제 거리는 세계패션유행을 선도한다. 세계적인 각종 유명상품들의 본점과 유명음식점, 여행사, 은행, 물랑노즈바 극장, 노천카페 등 중세건물들이 길게 이어졌다. 중식으로 달팽이요리(Escargot)와 송아지등심을 먹고 남편과 마로니에 푸른 가로수 길을 산책했다. 거리에서 다정하게 키스하던 청춘남녀의 과감한 사랑표현이 낭만적이었다.

길가에 빨간 차양을 두룬 100년 역사의 '푸케'(Fouquet's)카페가 보였다. 정다운 사람들의 체취가 느껴지는 카페에 다정하게 앉아 있는 연인들이 무척 행복해 보였다. 오페라 가르니에는 세계적인 뮤지컬을 공연하는데 감명 깊게 보았던 「오페라의 유령」의 배경이 되었다. 파리 시내 곳곳에는 박물관에 있음직한 조각상들이 웬만한 관공서나 건물 앞에서 흔히 볼 수 있었다.

콩코르드광장(Concorde, Place de la)은 '루이 15세 광장', '대혁명 광장'을 거쳐 7월 혁명 이후 '화합'의 의미로 칭한다. 중앙에 분수 2개가 있었고 이집트 룩소르신전에서 온 거대한 오벨리스크가 우뚝 서있었다. 프랑스대혁명 때에 루이 16세와 마리 앙투와네트를 비롯해 왕족과 귀족1343명이 단두대(Quillotin)에서 사라진 참혹했던 역사의 현장이었다.

대혁명을 겪은 프랑스사회는 18세기부터 '관용'이 통하는 똘레랑스(tolérance)문화가 생겨났다. 즉 "당신이 하는 말에 찬성하지 않지만, 당신이 그렇게 말할 권리로 탄압을 받는다면 기꺼이 당신을 돕겠다."라고 볼테르는 말했다고 한다. 상대방의 생각과 정치, 문화, 종교, 사상의 자유를 존중하고 인정하며 지적논쟁을 통해서 설득하려는 의식의 폭이 매우 넓다.

실존주의 철학자 샤르트르는 프랑스식민지정책은 시민혁명정신과 인본주의에 어긋난다고 비판하며 알제리독립운동을 하다가 발

각됐다. 이에 드골은 "놔두게 그도 프랑스야."라고 하였다. 이는 국익의 최우선보다 소수자의견도 존중받고 행동할 권리를 인정한다. 한국문화에서 의견 차이는 반목과 대립으로 치닫는데 이들처럼 성숙한 사회풍토를 언제쯤 접목할 수 있을까.

가슴 설레며 고대했던 세느 강 유람선(바토무슈) 관람을 하였다. 기욤 아폴리네에르의 시처럼, 사랑하는 여인 마리 로랑생을 향한 미라보 다리 아래에 세느 강은 여전히 아름답게 흘러갔다. 400주년을 맞는 퐁네프교는 '퐁네프 연인'들의 애절한 사랑을 영화로 전하고, 알마교는 지하차도에서 비운에 숨진 미소가 고왔던 다이애나비를 추모한다. 석양에 여신들과 페가수스가 눈부시게 빛나는 알렉산드로 3세교는 36개다리 중에서 가장 화려하고 아름다웠다.

그르넬교 부근에 자유여신상은 프랑스인들의 참된 자유와 평화를 쟁취하기 위한 격동의 역사를 말해주는 듯하여 가슴이 뭉클하였다. 사랑과 낭만이 깃든 세느 강가에 멋진 건축물들과 황금노을이 어우러진 환상적인 일몰은 영원히 잊을 수가 없다. 황금에펠탑은 어둠 속에서 그 위용을 드러내는데 세느 강은 수많은 이들의 사랑을 싣고 쉬지 않고 흘러가고 있었다.

(2002. 5. 4.)

베르사이유 장미

파리에서 사흘째 머물던 날에 베르사이유궁전(Château de Versailles)을 찾았다. 이곳은 '짐이 곧 국가'라는 태양왕 루이14세를 상징한다. 17c 프랑스 앙시앵 레짐 권력의 중심지로 부르봉왕가는 170년을 이곳에서 지냈다. 루이14세는 부왕의 사냥터와 별장을 20년간에 걸쳐 완성한 화려하고 귀족적인 바로코양식 궁전이다. 고풍스런 웅장한 궁전입구를 들어서자 넓은 아름광장에는 루이14세 청동마상이 당시를 말해주듯 위풍당당하게 서있었다.

궁전회랑에서 나선형계단을 올라가서 찾아간 성 루이 왕실예배당은 부르봉가 역대 왕들의 결혼식이 있었다. 천장화로는 예수님의 부활과 재림을 알리며 하나님의 삼위일체를 장엄하게 나타냈다. 궁전에는 방마다 화려한 천장화와 사용용도에 따라서 '헤라클레스의 방', '풍요의 방', '비너스의 방', '다이애나 방', '마르스의 방', '머큐리의 방', '아폴로의 방', '전쟁의 방', '거울의 방', '평화의 방', '왕비의 방'은 당시에 왕실의 화려했던 생활상을 느낄 수 가 있었다.

이 중에서 가장 인상 깊었던 곳은 '거울의 방'으로 샤를 르브렁의 천정화와 대형거울과 샹들리에였다. 화려하고 거대한 회랑은 길이 73m, 너비 10.5m, 높이 12.3m의 장식을 8년 동안 만들어졌다. 방에는 17개 대형 창문에서 들어온 빛을 반대쪽 17개 대형거울에 반사되었다. 거울 속에는 황금으로 현란하게 치장한 천장화와 고풍스런 실내장식으로 온통 눈이 부셨다.

이곳에서 외교사절 접대와 궁정연회와 가면무도회축제를 영화의 화려한 장면들처럼 자주 열었다고 한다. 혁명이후 왕궁기능은 상실했지만 다양한 평화조약체결 등의 국제행사들을 수차례에 걸쳐서 거울의 방에서 가졌다. 문득 화려하고 사치스러움의 한계를 벗어난 왕궁을 보면서, 대혁명의 화근으로 이어질 수밖에 없었던 백성들의 고초와 희생이 떠올랐다.

궁선넌석은 8,000ha(2400만 평) 700개의 방에서 혁명 후에는 815ha(250만평)로 축소되어 남겨진 20여개 방을 개방하였다. 궁전은 수백 장의 유리창문으로 들어오는 따뜻한 햇살과 다양한 기하학적문양으로 다듬어진 꽃밭은 환상적이었다. 정원은 서쪽으로 뻗은 기본 축을 중심으로 꽃밭, 라튠의 분수, 아폴론의 분수, 십자형의 대운하와 자연경관은 조화로웠다. 당시에 궁전과 도시전역에 화장실이 없어서 오물을 마구 버려서 전염병이 자주 창출하였다고 한다.

베르사이유궁전건축 즈음에 유럽사회는 오랜 종교전쟁으로 교황의 위치와 귀족과 기사의 세력이 쇠퇴해졌다. 왕권을 중심으로 봉건귀족들이 지배하는 중앙집권국가의 신분제가 되었다. 근대 유럽 국가들의 식민지쟁탈전의 양상전개는 치열했던 주변국들과 다툼에서 벗어나서 무역독점을 위한 신항로개척으로 진출한다. 이때 프랑스는 르네상스문화가 유입되기 시작하였고, 신대륙과 무역이 활기차게 이루어져 국가적인 자본주의 경제발달을 이룩하였다.

한편 절대왕권은 재정을 바탕으로 증강된 것인데 무역을 통한 시민계급의 재력과 계몽사상으로 인한 의식이 점차 높아졌다. 이는 인간의 자유와 평등의 기본권으로 근대 민주주의 기본사상으로 발전해 갔다. 이로써 왕정에 대한 시민계급의 저항이 생겨나자, 이를 막기 위한 방책으로 절대군주의 정통성을 옹호하기 위하여 왕권신수설을 앞세웠다. 베르사이유궁전은 이처럼 절대주의에 따른 왕을 상징하기 위한 정책의 한 수단으로 호화롭게 지어졌다.

루이14세는 부국강병과 문화예술을 유럽최고의 왕정문화로 꽃피우지만, 시민계급들은 돈을 기반으로 정치와 사회적 지위를 굳혀갔다. 그러나 왕정은 막대한 해외원정으로 국고낭비와 수많은 인명을 희생하고, 여러 곳의 해외영토상실로 국가적 위기상황이

다가왔다. 그리하여 루이 16세는 재정난 해결로 삼부회를 열어 시민과 농민들의 협조를 부탁하나 무산되자 무력으로 진압한다. 이에 분노한 시민들은 바스티유감옥을 점령하고 왕정을 무너트린다.

정원을 산책하면서 비운의 삶을 마감한 마리 앙투아네트 왕비의 슬픈 눈망울이 가슴 아프게 떠올랐다. 오스트리아 마리 테레시아 여왕의 딸로 루이 16세와 정략결혼을 한다. 합스부르크와 부르봉 두 왕가는 수백 년간 유럽패권을 놓고 다퉈온 앙숙관계였다. 주변에 아무도 없이 홀로 고립된 15세 어린왕비를 둘러싸고 오랜 민족 간에 앙금으로 프랑스인들은 그녀를 처음부터 시기하고 질투를 하였다. 그녀는 외롭고 고독한 왕실생활 속에서 왕비로써 품위를 지키려고 여간 애를 썼으리라.

하지만 국모로써 시대적 국가위기를 지혜롭게 감지하여 검소한 삶을 살았더라면, 37세에 그토록 참혹한 일생을 피할 수 있지는 아니했을까. 설상가상으로 라모트 백작부인이 추기경과 보석상을 속이고 값비싼 다이아몬드 목걸이를 편취한 사건에 누명을 쓰고 왕비의 평판은 더욱 나빠졌다. 왕실은 분개하여 로앙 추기경을 파리 고등법원에 제소하지만 "왕비를 쉽게 유혹할 수 있다는 생각은 무죄다."라는 희대미문의 판결로 왕정의 위치에 큰 손상을 입힌다.

한편 왕비는 귀족들의 마차를 평민의 농지 가운데로 몰지 못하게 했던 선한 마음의 소유자였다. 정원에 오두막을 지어 손수 농사를 짓고 농민들의 힘겨운 삶에 많은 관심을 가졌지만, 이러한 미덕까지도 가식과 위선이라고 손가락질을 받는다. 목걸이사건을 시류에 편승하여 부당한 판결을 내렸던 귀족들은 아이러니하게도 혁명세력에 의해 처형된다. 생각해보면 왕권에 도전하고 혁명을 부추긴 것은 부귀와 영화를 왕과 함께 누려왔던 귀족세력들이었다.

왕비의 죄명은 오스트리아를 위해 반혁명적 스파이노릇과 국고재정을 사치로 파탄 낸 주범으로 몰려서, 도덕적 타락의 온갖 오명을 뒤집어쓰고 대혁명의 제물이 된다. 그러나 얼마 되지 않아 루이 18세 왕권복귀 때에는 프랑스왕권주의에 가장 위대한 성녀로 찬미하기에 이른다. 문득 거대한 시류에 휩쓸린 마리 앙투아네트와 대조적인 비운의 삶을 살았던 고국에 명성황후의 모습이 자꾸만 오버랩 되어 아린 여운을 오래도록 남겼다. (2002. 5. 6)

앙코르 미소

캄보디아 씨엠립 앙코르와트 북쪽에 마지막 왕도였던 '거대한 도시'의 뜻을 가진 앙코르 톰(Angkor Tom)을 찾았다. 끝없이 펼쳐지는 밀림의 평원에는 100만 명의 시민들이 예전에 살았다. 툭툭이를 타고 가는 동안에 유적지주변에는 가난하지만 행복하게 살아가는 소박한 현지인들의 모습을 볼 수 있었다. 열대나무 사이로 원숭이들이 뛰어다니고, 길가에 까맣게 그을린 시골 아이들의 천진난만한 모습과 늪핀에서 풀을 뜯는 물소들이 마냥 평화로웠다.

앙코르 톰은 13세기 초에 자야바르만 7세가 세운 유일한 불교 건축물로, 가로 3킬로미터 세로 4킬로미터 폭 100미터의 해자가 둘레를 감싸고 있는 거대한 사원이다. 한 시절에 찬란한 영화를 누리던 거대한 왕도가 지금은 밀림에 둘러싸여 있어서 해자의 물은 거의 말라 있는 상태였다. 중심지에는 바이욘, 바푼, 피미나카, 코끼리 테라스가 있었다. 앙코르왕조의 종교적 역량을 보여준 곳은 앙코르와트라고 한다면, 국가적 역량을 나타낸 것은 이곳 앙코르톰이었다.

왕궁중앙에는 바이욘 탑이 우뚝 섰고 200여 개의 미소 띤 얼굴들은 부처인 동시에 자야바르만 7세의 얼굴이다. 각자 다른 이 온화한 얼굴표정을 사람들은 '앙코르 미소'라고 부른다. 탑에 새겨있는 얼굴들은 저절로 마음이 끌려 평안함을 느꼈다. 폐허가 되어버린 주변은 20여개 작은 탑들과 수백 개 돌로 만든 방의 흔적으로 둘러싸였다. 두 마리 황금사자가 양쪽에서 지키는 황금다리가 동쪽으로 다른 쪽은 여덟 개 황금 부처가 돌로 된 방을 따라 늘어섰다.

청동으로 된 바푸온 북쪽에는 여러 개의 방이 있는 피미아나카 탑이 있었다. 옛날에 이 탑의 북쪽 1/4리쯤 왕궁에 하늘 높이 치솟은 황금탑이 있었다. 당시에 찬란하게 빛나는 황금 탑들을 보고 외국에서 온 상인들마다 부유하고 장엄한 앙코르제국의 모습에 감탄했다고 한다. 지금은 온갖 세월의 풍상과 오랜 전쟁에 의해서 검푸른 이끼와 폐허 속에 방치되어 있을지라도, 사원 터의 흔적만으로도 충분히 앙코르제국의 거대하고 웅장했음을 짐작하고도 남았다.

바이욘 탑의 독특한 구조물은 일반적인 석회와 진흙과 못을 사용하지 않았다. 서로 크기가 다른 큼직한 돌들을 비 규칙적으로 쌓아 올리면서 자연스럽게 의도적인 형상을 만들어 냈다. 세계에 유래 없는 신비한 건축기법이다. 또 하나 성벽주변의 100m 폭의 해자를 만든 해자기법은 서양으로 전파되어 중세성벽주변에 꼭 설치하는 수비법이 되었다. 해자를 적절하게 구사하여 유럽과 중동을 지배했던 왕은 오스만터키의 슐레이만 대제였다. 동서양에서도 이곳의 해자만큼 넓은 폭을 가진 곳은 없으며, 건축기법은 놀랍게도 세계에서 최고라고 한다.

왕궁 앞에 코끼리테라스는 왕의 연설과 군대열병 행사에 쓰였던 350미터 웅장한 광장이다. 규모로도 얼마나 많은 사람들의 규합장소인지 알 수 있었다. 코끼리 테라스의 옹벽은 온통 코끼리로 장식하고, 입체적으로 만들어 놓은 코끼리 행진이 테라스의 양쪽 끝에 정교하게 새겨졌다. 넓은 광장 저편에는 12개의 탑이 있었는데 죄수를 가뒀던 곳으로 몇 개만 남았다.

한쪽에 머리가 깨지고 한 손이 뭉그러진 나병환자 자야바르만 7세의 동상 모습이 보였다. 허달한 표정으로 앉아있는 한 인간의 고뇌하는 모습이 끝내는 인지상정으로 마음이 몹시 안쓰러웠다. 그는 최초로 대승불교를 들여와 백성들에게 자신이 중생을 구제하는 로케시바라(관세음보살)로 믿게 하였고, 거대한 사원과 빈민구제시설을 많이 짓고 불교를 장려했다. 이는 나병환자 자신의 죄를 덜고 공덕을 쌓아 죽음의 두려움을 이기기 위한 열정이었는지도 모르겠다.

당시에 제국의 영역도 태국, 라오스, 베트남에 이르도록 광대했다. 중국원나라는 세관원 주달관을 사신으로 보내 1296년부터 2년간 앙코르톰에 거주하며 교류할 만큼 아시아에서 막강했는데 왜 쉽게 멸망하였는지 의문이 들었다. 어쩌면 거대한 건물축조에 따른 오랜 세월동안에 엄청난 인적 물적 부담과 손실로 인해 끝내는 국력이 쇠약해진 이유가 아니었을까.

툭툭이를 다시 타고서 바켕산(67m)으로 향했다. 끝없이 펼쳐진 거대한 밀림의 평원에서 유일한 산이다. 정상까지 20여분 걸어서 오르자 프놈바켕사원이 있었다. 사원에 올라가서 바라본 평원주변은 톤레삽호수와 앙코르유적 군들의 정경이 한눈에 보여 몹시도 아름다웠다. 앙코르왕국의 초기에 프놈바켕사원은 크메르제국 4대 왕 야소바르만 1세가 지은 최고건축물이다. 조상을 기리며 시바 신에게 헌정한 사원이다. 왕은 참파군(베트남), 샴족(태국) 등 외적의 침입에 대비하기위해 자신의 이름을 딴 '야소다라푸라'라고 하는 새 수도를 이곳에 세웠다.

프롬바켕사원은 힌두교 메루산을 형상화하여 꼭대기에 5개 탑을 포함하여 모두 109개 탑으로 건설하였다. 중앙에 성소 탑을 제외한 108탑은 달의 4가지형상의 음력 월평균 27일 주기의 4개월을 의미한다. 중앙에 5탑을 둘러싼 단들이 있고 각 단마다 12개의 작은 탑들은 12간지를 상징한다. 기초바닥 주위에도 44개의 탑들이 세워져 있으며, 사원 전경에 7층은 힌두교신화의 7

개 천국을 의미한다고 하였다.

앙코르왕국의 거대한 도시에 100만 시민들은 페루의 마야 인들처럼 하루아침에 홀연히 어디론가 사라지고 600년간 밀림 속에서 잠들어 있었다. 100여 년 전까지지도 크메르인들은 앙코르유적을 신들의 영역으로 여겨 침범하면 목숨을 잃는다고 접근조차 하지 않았다. 9세기~13세기까지 강대했던 이들이 태국 타이족의 침략으로 멸망하였다. 그들이 남긴 수백 년 전에 찬란했던 흔적들 속에서 많은 감동을 받고 만감이 교차하는 아쉬움을 남겼다.

이튿날 앙코르시대에 저수지 중에서 유일하게 물이 남아 있는 '웨스트바레인'을 찾았다. 잔잔한 푸른 물 위에 코발트 하늘빛이 가슴 시리도록 몹시도 맑고 아름다웠다. 바다로 착각할 만큼 거대한 호수는 관개수로시설이 뛰어났음을 알 수 있었다. 길가에서 일행과 노랗게 잘 익은 망고를 사서 먹고 있는데, 어린아이들이 떼 지어 몰려와 원 달러를 외치며 물품들을 들이댄다. 주홍빛 검은 피부에 맑고 까만 눈망자는 우리들의 옛 모습을 보는 것처럼 안쓰러웠다.

오후에는 킬링필드대학살 당시에 씨엠립과 앙코르유적 인근에서 학살된 유골들을 모아서 보관한 왓트마이사원에 들렀다. 사원 뜰 게시판에 무참히 희생당한 사람들의 고문모습과 악명 높았던 툴슬렝 교도소 고문기구들의 사진은 몹시 충격적이었다. 사원 정원에 있는 유리 탑 속에 수많은 희생자들의 유골을 쳐다보다가 심한 현기증이 갑자기 몰려 왔다. 문득 바이욘 탑에서 온화하게 미소 짓던 앙코르 인이 억겁의 흐름 속에서 내게 다가와 '생사의 화두'에 대해서 조용히 물어오는 듯하였다. (2008. 7. 31.)

천년의 소원을 이룬 사람들

우기 철에도 불구하고 베트남 하노이의 열기는 턱까지 숨이 막혔다. 문득 야자수 밑에서 미소 띤 막내오빠의 군복 입은 사진모습이 애틋하게 떠올랐다. 오빠는 백마부대 사령부가 있었던 남쪽의 나트랑 니노웨이에서 백마용사로 월남전에 참전했었다. 당시에 오빠가 전해준 전쟁터의 참혹했던 상황들은 오랜 세월이 흘러서야 모두 사실임을 알게 되었다.

투어버스는 호치민이 베트남독립을 선언했던 하노이 바딘광장에 도착했다. 주변에는 국회의사당과 공산당 본부 건물 등 정부행정 건물들이 모여 있었다. 광장에 높은 깃대에는 농민과 노동자의 피로 만들어졌다는 금성홍기가 바람에 나부꼈다. 이곳에는 베트남국민들이 가장 존경하는 정신적인 지주 호치민의 시신이 방부 처리되어 안치된 영묘가 있었다.

호 아저씨로 불리는 호치민은 베트남독립을 위해서 평생을 독신으로 지냈다. 주석이 되어서도 자신의 친척들을 절대로 상면하지 않았고 양자만을 몇 명 두었다. 폐타이어로 만든 신발을 신고 식사는 1식 3찬으로 인민들과 똑 같은 검소한 생활을 하였다. 그가 평소에 즐겨 애독하던 책은 목민심서였으며 사용했던 지도자 집무실과 생가는 너무도 검소하였다.

그의 훌륭한 인품과 청렴한 행실은 모든 인민들에게 영적지도자로 추앙받는다. 이처럼 올 곧은 지도자가 있었기에 천년소원이었던 베트남통일을 이룩하였다. 시대를 막론하여 권력은 탐욕의 유혹에서 절대로 벗어나기 힘들건만, 호치민의 향기 나는 삶은 우리들의 가슴에 많은 감동을 안겨주었다. 버스는 하롱베이로 이동하여 아센하롱 호텔에 도착하였다.

이틀날 일행과 삿갓모자에 유람선을 타고 하롱베이(下龍彎)를 관광했다. 오랜 세월로 빚고 바람이 깎아 만든 신의 정원으로 손색이 없었다. '바다에 떠 있는 계림'으로 칭송받을 만큼 기괴한 3,000여개 섬들로 이루어졌다. 오랜 옛적에 침략자가 다가오자 용이 입으로 보석과 구슬을 내뿜자 바다로 떨어져 갖가지 기암이 되어 침략자를 물리쳤다는 전설이 전해진다.

통킹만의 에메랄드바다에 솟아 있는 하롱베이의 수많은 섬들은 세계문화유산이다. 코끼리바위, 물개바위, 뽀뽀바위 등의 형상들이 다양했다. 평화롭게 떠 있는 십여 채의 수상가옥들은 무척 이색적이었다. 나룻배를 저어서 다가온 여인의 작은 소쿠리에는 망고, 망고스틱, 양귀비가 즐겨 먹었다는 리치, 붉은 밤송이 람부탄, 바나나, 파인애플이 가득 담겨있었다.

'성솟 동굴'을 찾아서 석회동굴탐사를 하였다. 수억 년의 세월에 걸쳐 석회를 머금은 물은 천정에서 종유석을 흘려보내고 바닥에서는 석순을 쌓아올렸다. 동굴 속은 꽤나 넓어서 세 개의 광장으로, 하늘문, 용형석, 용좌폭포, 선녀목욕탕의 기이한 형상들이 많았다. 동굴 안에는 물기가 전혀 없었고 계속 습기가 빠져나가 천장이 물고기 비늘형태로 바뀌었다. 이곳에서 프랑스패잔병들과 원주민처녀들이 숨어 살다가 모두 사살되었다.

애잔한 사연이 깃든 석회동굴을 떠나 소형보트를 타고 주변 섬들을 둘러봤다. 기암괴석에 둘러싸여 바다위에 타원형의 작은 호수 안에서 소리를 내자 에코가 되어 울렸다. 바다 위에 만들어진 호수주변에 둘러쳐진 산 속에 사는 원숭이들을 매가 사냥한다고 한다. "007 네버다이" 스릴만점의 첩보영화에서 원형호수 속에서 미사일이 높이 이곳에서 발사되었다. 보트가 하얀 물살을 가르며 아름다운 하롱베이 바다 위를 쏜살 같이 달릴 때에 마음이 상쾌했다.

티톱은 러시아 최초 우주인으로 호치민 양자였다. 그는 양부에게 아름다운 섬을 자신에게 달라고 하자 인민의 소유를 줄 수는 없고 대신 티톱섬으로 명명하였다. 423개의 가파른 계단을 올라 전망대정상에서 본 하롱베이 천혜의 비경은 무슨 말로도 표현할 수가 없었다. 에메랄드빛 잔잔한 바다 위에 수많은 작은 섬들과 배들이 한 폭의 풍경화처럼 평화로웠다. 이토록 아름다운 곳에서 오랜 세월동안 잔혹한 전쟁이 치러졌다는 사실은 믿어지지가 않았다.

석식 후에 수상인형극을 관람하였다. 10c무렵부터 홍강 부근의 농민들이 추수를 마치고, 농민들의 생활상을 즐겁게 인형으로 표현했다. 호치민은 베트남전쟁 때에 수상인형극을 통해서 많은 인민들에게 공산당정책을 알리고 선전했다고 한다. 한쪽에서 인형극내용을 아름다운 노래로 전하는 그들의 애잔한 노랫가락은, 우리 창극과 비슷하여 인생사 애환을 노래하는 듯 했다. 더운 날씨에 물속을 힘차게 헤엄치는 인형들의 율동은 피로를 말끔하게 씻어줬다.

현재 베트남인들은 중국의 천년지배와 프랑스의 백년식민지에 이어 미국과 15년에 걸친 월남전(1960~1975)을 전무후무한 승리로 이끌어 민족통일을 이뤘다. 베트남은 제2차 대전 당시에 프랑스식민지로 일본군이 점령하고 있었다. 일본의 동태를 살피며 정세파악을 하던 미국 숀 중위의 비행기가 격추되자 호치민이 구조한다. 이를 계기로 미국은 호치민이 이끄는 베트민(베트남 민족 독립연맹)을 직간접으로 도와 프랑스식민지에서 자유와 해방을 맞게 되었다.

당시에 호치민은 베트남공산국가를 창설하였고, 미국은 러시아

세력을 견제하여 인도차이나반도의 도미노적 공산화를 막으려고 전쟁을 일으켰다. 베트남이 미국구축함을 먼저 공격했다는 '통킹만 사건'은 후에 거짓으로 밝혀졌다. 월남전에서 미군 5만 명 전사자와 4,000억 달러를 지불하고도 서로에게 영원히 치유할 수 없는 멍에를 졌다. 우정을 다짐하던 어제의 친구가 적이 되어 오래도록 참혹한 전쟁을 치러야했으니 역사는 이 얼마나 아이러니한가.

한국은 자유 수호 명분으로 약 9년(1964~1973)동안 연인원 32만 명 파병 중에서 5,000명 전사자와 16만 명의 부상자가 생겼다. 당시 기업인들과 군인들에 의한 3,000명 이상의 라이 따이한 2세 자녀들이 지금도 아픔을 안고 살아간다. 그러나 베트남인들은 한국파병을 강대국에 의한 약소국의 피할 수 없었던 상황이었다고 긍정적인 배려로 한류열풍이 대단하다. 이들에 대해서 월남전에서 오빠의 목숨 값으로 중학교를 다녔던 나로서는 만감이 교차하였다.

다음날 하노이시내에서 자전거인력거 씨클로를 탔는데, 옆으로 어마어마한 굉음의 오토바이군단들이 순식간에 쏟아져 나왔다가 썰물처럼 사라져갔다. 거리에 하얀 아오자이에 삿갓모자 논(nonh)을 쓴 처녀들은 찾아 볼 수가 없었다. 열기 속에 신호등과 중앙분리선이 없는 도로에는 오토바이와 자동차의 소음과 매연으로 숨이 막힐 지경이었다. 시민 500만 명에 오토바이는 300만 대가 복잡한 무질서 속에서 나름대로 질서를 유지하는 모습이 신기했다.

거리마다 젊은이들의 활기차고 밝은 모습에서 베트남의 앞날은 여명이 동 터 오르듯이 보였다. 남편친구들 부부9쌍과 함께 했던 아름다운 추억과 베트남인들의 맑고 순수한 눈동자를 영원히 잊지 못할 것이다. 한국과 베트남 두 나라는 불행했던 과거에서 벗어나 앞으로 서로에게 좋은 우방으로 발전하여 따뜻한 정애를 함께 나눴으면 좋겠다. 천년의 소원이 이루어진 베트남인들에게 경의를 보내며 우리민족의 염원도 하루속히 이루어지길 간절히 소망한다.

(2008. 7. 29)

산촌과 강변의 생명적 형상화

- 구영례 수필집 『꽃은 향기로 말한다』를 중심으로

강석호
(평론가 · 한국수필문학가협회 회장)

수필의 대가 피천득 선생은 그의 작품 「수필」에서 수필은 36살 이후에 쓰는 글이라고 했다. 인생의 일생을 70세로 잡고 중년 이후에 쓰면 좋겠다는 뜻이다.

그만큼 수필은 다양한 경험과 경륜 그리고 성숙된 사고를 필요로 하는 글이다.

그러나 수필을 만년의 문학이라고 하여 너무 나이가 많아서 쓰면 그만큼 성숙된 인생의 향기를 발할 수 있는 반면 잔소리가 많고 교훈만 강조할 뿐 미적 쾌락을 느낄 수 없다는 지탄을 받기 쉽다. 수필은 연령적으로 봐서 50, 60대가 가장 생동감이 넘치는 글을 쓰기에 좋을 때가 아닌가 한다.

구영례 작가는 이제 50대 초반에 접어든 활동력과 사고력이 왕성한 연령으로써 보기만 해도 생기롭고 의욕이 넘치고 있다. 2008년 월간 「수필문학」으로 등단하여 불과 3년 동안 100여 편의 글을 썼고 그 중에서 69편을 이번에 상재했는데 그 작품들이 예사가 아니다.

그의 문체는 간결하고 깨끗하면서 서정이 넘치고 있다. 나이가 젊어서도 그렇지만 그의 출생지의 자연경관과 인생역정이 글쓰기 특히 수필쓰기에 좋은 조건을 소유하고 있다.

그는 머리말에서 수필은 인생을 충만한 성숙으로 이끌고 성숙한 인생이라야 감칠맛 나는 수필을 쓸 수 있음을 밝히고 있다. 그만큼 일시적 재주나 취향에 의한 글쓰기가 아니고 참다운 인생의 추구와 도야가 수필이라 믿고 그의 삶을 그렇게 지향하고 있다는 뜻이다. 또한 그의 글의 바탕에는 기독교적 창조주의 섭리를 믿는 독실한 신앙의 향기가 깊이 깔려있다.

그가 문학을 하게 된 동기는 그의 글 「문학이란 무엇인가」에서 밝히고 있듯이 그는 어린 시절 책을 좋아했고 월남을 다녀와서 소설을 쓰는 막내 오빠의 영향을 받았으며 초등학교 때 '논개축전', '소년 중앙일보' 등의 글짓기 대회에서 입상을 하고부터 문학에의 꿈을 가졌다.

이런 여러 가지를 전제로 할 때 그의 글쓰기는 열정적이고 글은 순수하고 생기롭고 진지할 수밖에 없다.

그의 글은 고향의 추억과 그리움으로 가득 차 있다. 대개의 수필작가들이 첫수필집은 어린 시절의 고향과 어머니에 대한 그리움을 소재로 하고 있다.

수필이 자전적 인생 고백이다 보니 어린 시절의 추억과 그리움이 가장 아름답게 뇌리에 깊이 각인되었기에 그런 소재를 먼저 다루게 된다. 구영례 작가도 대다수 작가의 그런 길을 그대로 답습하고 있다. 그러나 그의 글은 표현력이 남다른 데가 있다.

그의 고향은 덕유산의 수려한 줄기가 뻗어 있고 그 줄기 사이로 맑게 흐르는 강물이 모여 이루는 금강유역, 전라북도 동북부 오지이다. 그는 그런 산과 강이 있는 곳에서 유달리 맑은 하늘과 달빛을 바라보며 산새와 꽃과 물고기와 더불어 유년시절의 꿈을 쌓아갔다.

문인은 나무 이름 새 이름 꽃과 풀이름만 제대로 알아도 좋은 글을 쓸 수 있다 한다. 작가는 그곳에 서식하는 많은 종류의 식물과 생물들을 수없이 접하며 그 생태를 알고 친구삼아 뒹굴었으니 자연에 대한 경외와 친화사상이 저절로 길러졌고 그것은 그의 글쓰기를 위한 귀한 소재와 원천이 되었다.

그런 그의 고향의 자연은 아름다운 추억만을 준 것이 아니다. 수해로 인해 애써 가꾼 농작물과 농토의 유실은 극심한 가난을 주었고 그것은 평생 씻을 수 없는 상처가 되었다. 얼마나 상처가 컸는지 작품 여러 곳에 그 이야기가 언급되어 있다.

따라서 작가의 가족사도 어려웠다. 19살에 어머니를 여의였고 29세에 아버지를 이별했다. 6남매의 막내로서 부모를 일찍 여읜 슬픔과 고독이 대단했다. 초등학교를 겨우 졸업하고 중학교 갈 형편이 못 되어 친구의 소개로 남의 집에서 일을 해주고 돈을 모아 중학교에 겨우 진학했고 고교는 남달리 타고난 날씬하고 훤칠한 몸매에 높이뛰기의 특기를 가져 도내 체육대회에서 1위를 하여 전북에서도 가장 손꼽는 명문여고에 장학생으로 진학할 수 있었다.

작가는 이런 상처투성이의 고향과 성장과정을 사랑한다. 산과 강과 들판이 어우러진 수려한 고향의 산천을 정과 사랑의 심성으로 끌어안고 나아가 고향의 역사와 인물을 소상히 그리고 있다. 마치 고향의 홍보대사처럼 자랑스럽게 그린다. 그리고 자신이 겪은 가난과 역경을 부끄러움이나 흉으로 여기지 않고 자상하게 고백하여 새로운 진실과 순수의 부활을 일으킨다. 이것이 구영례 수필가의 특징이다.

그와 관련된 작품을 일별해 보면, 「추억의 아카시아」는 홍수에 농토와 농작물이 떠내려가는 와중에서도 바람에 날아든 아카시아 씨앗이 발아하여 큰 나무가 되어 밭가에 버티고 서 있는 그 늠름한 모습에서 새힘을 얻는다. 그 느티나무는 곧 자신의 형상화이다. 「가슴으로 흐르는 강」에서는 가난으로 학교를 못간 사연이 안타깝게 그려졌다. 「엄마야 강변 살자」는 강변생활의 체험적 희로애락을 잘 말해주고 있다. 장마에 들판이 넘치고 농토가 유실되어 가는데도 장마 후에 누리는 강변의 즐거운 모습이 선연하다.

강변에서 살아왔던 잊지 못할 추억의 편린들이 떠오른다. 장마가 그치고 거대한 황톳물이 며칠간 흐르고 나면 강물은 연한 코발트빛으로 맑게 변했다. 수정처럼 맑고 깨끗하게 흘러가는 시냇물은 바닥까지 훤하게 보였다. 투명하고 맑은 물 속에는 피라미, 꺽지, 쉬리, 모래무지, 탱아사리, 빠가사리, 미꾸라지, 송사리, 장어 등등 수많은 민물 토종어종들이 살아갔다.

장계천 재방 위에 서서 고요히 흐르는 강가를 바라보면 아득한 평온함이 어린 맘을 한없는 행복에 젖게 했다. 해질녘 서쪽 하늘은 석양에 붉게 물들고 수면은 하얀 은빛으로 보석처럼 반짝였다. 수면 위로 수많은 물고기들은 하얀 비늘을 눈부시게 반짝이며 튀어 올라 생명력 넘치는 사랑의 연가를 온 몸으로 부르곤 하였다.
강변 주변에 연한 푸른 수초사이에는 물위를 빠르게 걸어 다니는 소금쟁이와 톡톡 튀는 아주 작은 민물새우들이 떼를 지어 모여 살았다. 남자들은 냇가에서 낚시, 유리어항, 족대로 피라미, 쉬리, 미꾸리, 탱아사리 등을 잡았고 여자아이들은 수초 사이에서 새우, 다슬기(고동)를 잡았다. 맑은 물속에 바위나 모래 위를 새까만 다슬기가 배를 깔고 기어 다녔다. -「엄마야 강변 살자」 중에서

일찍이 우리 가슴에 순수의 동심을 심어준 소월의 그림보나 더 멋있고 자상하고 아름다운 표현이 가슴을 설레게 한다.

또한 이 글을 보면 시인 윌리엄 블레이크의 말이 실감난다. "한 알의 모래알에서 세계를 보고 한 떨기 들꽃에서 하늘을 본다. 그의 손바닥에 무한을 한 순간에서 영원을 쥡는다"고 했다. 이는 무에서 유를 찾고 고통에서 평안을 찾는 상상력의 위대한 표현이다.

이 명언과 같이 저자는 장마로 인한 거대한 황토물과 그 황토물이 흐르고 나면 맑고 연한 코발트빛으로 흘러가는 강물을 증언한다. 역경 후에 찾아드는 평온과 순수를 대조적으로 그리고 있다. 이것은 작가만이 가질 수 있는 체험적 가능성이요, 작가의 현상학(現象學)이다.

「고수향이 그리워」에서는 고향인 장수군의 특산물 향신채 고수나물과 논개를 소개하고 있다. 고수는 지중해와 중동지역이 원산지이고 무채에 섞어 요리하거나 고기를 구워 함께 먹으면 그 진미가 대단한 이 고장만의 산물이라는 것이다. 그리고 장수군

장계면 대곡리는 논개의 고장이다. 논개는 주촌마을의 주갑술의 외동딸로 태어났는데 태어난 해와 달 그리고 날과 시가 사갑술 개띠여서 경상도 방언으로 '개를 낳다' '논개'라 이름 지었다. 그는 기생이 아니다. 임진란 때 공을 세운 진주병마절도사 최경회의 부실(副室)이었음을 해주 주씨 문중에서 발행한 『일휴당실기(日休堂實紀)』를 인용, 자상히 소개하고 있다.

2차 임진왜란 싸움에서 남편인 최경회장군이 패하자 일본군의 축하연에 기생으로 변장하여 왜장의 목을 안고 순국한 사연을 의기롭게 그리고 있다.

> 가슴 아프고 심장이 서늘해지는 그 얘기에 '나도 나라를 위해서 논개처럼 의롭게 행동할 수 있을까'하고 어린 마음을 가다듬었다. 이러한 영향으로 고향 이웃들은 대개 심성이 올곧고 선량하다. 내 성미도 주변에 불의한 일을 보면 울분을 참지 못하고 정의롭게 살려고 노력한다. -「고수향이 그리워」 중에서

그리고 작가 자신도 논개의 절개와 피를 받아 심성이 올곧고 선량하며 불의와 울분을 참지 못하고 정의롭게 살려고 하는 인생지론을 고백하고 있다.

「논개를 아시나요」에서는 논개 외에 장수군의 역사 유적 지리 특산물 등을 소개하고 역사적 인물들을 소개하는데 우국충정 중 인품과 업적이 뛰어난 二德 三節 五儀 등 10인의 소개가 시선을 끈다.

2덕(二德)은 정신재 백장선생과 방촌 황희정승으로 장계에서

함께 유배생활로 교분을 두텁게 나눴다. 백장선생은 고려충신으로 태조와 태종의 출사어명을 끝내 고사하다 장계면 금덕리 호덕에 유배되어 여생을 보냈다. 선생은 생전에 '봉학의 아름다움과 천석의 수려함과 순박한 민심을 보고 자손들을 장계에 이주시켰다' 한다. 황희정승은 장수태생으로 장계면 월강리에서 유배생활을 했고, 가장 청렴한 관리의 표상으로 청백리 칭송을 받는다.

3절(三絶)은 첫째, 논개 충절로 임진왜란 때 게야무라 후미스케 왜장을 안고 진주남강에 몸을 던졌다. 둘째, 임진왜란 때 장수향교지기 정경손의 기로 향교원형을 유일하게 보존했다. 셋째, 배리(陪吏) 백씨의 충의이다. 완산감영으로 가던 말이 길섶에서 날아오른 꿩에 놀라 현감을 태운채 강물에 빠져죽었다. 자신의 불충을 한탄하며 따라 순절한 타루비(墮淚碑)주인공이다.

5의(五儀)는 을사보호조약에 분개하여 호남일대에서 수많은 의병을 일으킨 분들과 항일투쟁에 앞장서서 목숨을 바친 분들을 말한다. 전해산, 문태서, 박춘실 의병장과 한국불교지도자 백용성조사와 한글을 지키기 위해 평생을 바친 국어학자 정인승박사를 말한다. -「논개를 아시나요」 중에서

그 유명한 황희정승이 장수태생으로 장계면 월강리에서 유배생활을 했고 한글 학자 정인승도 장수출신이다.

그 외 장수군의 8경을 소개한다. 이런 글은 인터넷 상에서 얻을 수 있는 지식정보일 수도 있지만 그 지식정보의 해석력과 의미화가 돋보인다.

그의 수필 소재는 고향의 경관 인물 산물 외에 부모 형제 시모 남편 동창(친구) 등 다양하다. 인간관계의 끈끈한 정과 사랑이 넘쳐나고 있다.

「어머니의 편지」는 우리 수필계의 원로 여류 수필가 목경희 선

생과 고부간의 인연을 맺고 선생으로부터 며느리가 아니라 딸과 같은 사랑을 받으며 또 문학의 지도를 받고 있는 사연을 소상히 고백한다. 「문학이 무엇인가」에서도 그가 글을 쓰게 된 동기를 밝힌 바와 같이 인자하고 자상한 시모와의 대화에서 용기와 지혜를 얻은 것을 시어머니가 본인에게 보낸 편지를 직접 공개하며 그 의미를 깊이 다지고 있다. 그 사념의 배려가 아름답기 그지없다.

작가는 시모님을 작가로 모시고 있을 뿐 아니라 남편과 아들도 시인으로서 문학가족의 행복한 모습을 곳곳에서 보여주고 있는데 특히 남편과의 금슬이 대단하고 남편의 건강을 위한 노력이 대단하다.

「잃어버린 길을 찾아서 」는 남편과 함께 자전거를 타고 즐기는 사연이며 「자전거를 타고 싶은 남자」는 시어머니가 학생시절 남편에게 자전거를 사주겠다고 약속했으나 위험함을 염려하여 지켜오지 못했고 자신도 남편에게 자전거를 사주고 싶었으나 형편이 여의치 못하여 실행하지 못했는데 얼마 전 봄에 마침 시어머님이 산악자전거 2대를 사주었다. 남편은 자전거를 타고 출근하고 싶다는 소원을 시로 써서 표현했다. 시인 남편의 심사 또한 멋있고 아름답다.

언젠가 남편이 내게 산악자전거를 갖고 싶다고 했지만 복잡한 도회지거리가 위험하다고 말렸다. 그가 어릴 적에 갖고 싶었던 자전거의 꿈은 지난 추억에 대한 아득한 그리움으로 생각했었다. 실은 그런 남편에게 자전거를 간절히 사주고 싶었지만 비용이 만만찮아 여의치 못했다.

그러던 봄에 노모는 극구 사양하는 우리에게 좋은 자전거 두 대를 사주시고, 40년 전에 막내아들과 했던 약속을 이제라도 지켜서 마음이 홀가분하다고 하셨다. 어머니의 마음 한 구석도 헤아릴 줄 모르고 당신의 사랑은 당연한 듯 살아온 불효자식들의 가슴이 먹먹했다.

우리들은 주말이면 자전거를 타고 안양천을 거쳐서 한강으로 바람을 가르며 씽씽 달린다. 병아리아빠의 꿈을 이룬 남편은 어릴 적에 모든 슬픔을 훌훌 떨쳐 버린 듯이 마냥 행복해 한다. 팔순노모의 사랑을 품고서 자전거를 타고 본 세상은 참으로 눈부시도록 아름다웠다. 우리 집 거실에는 산악자전거 두 대가 언제나 즐거운 외출을 고대하며 멋지게 서있다. - 자전거를 타고 싶은 남자

「춤추는 혈당을 잡아라」, 「소인국 황제를 위하여」는 남편의 당뇨를 잡기 위한 식이요법의 실제가 정성스럽고 알차게 소개되어 있다.

그 외 「호박꽃」, 「코스모스꽃」 등은 서정성(문학성)이 넘치는 작품이다. 「란희의 꿈꾸는 세상은」, 「가족의 의미」, 「인연」 등은 짐승과 무생물을 의인화한 작품으로 그 창작 기법이 놀랍다.

「파랑새의 노래」는 운동과 문학을 병행하는 취향을 재미있게 표현했다.

등단한지 불과 3년 만에 이렇게 정감과 기법이 돋보이는 수필집을 상재하는 구영례 작가의 앞날에 기대가 크다.

구영례 수필집

꽃은 향기로 말한다

2011년 5월 20일 초판 발행
2011년 5월 25일 초판 발행

지은이 / 구영례
발행인 / 강석호

발행처 / 도서출판 교음사
편집 / 隨筆文學社 出版部

110-775 · 서울 종로구 경운동 88 · 수운회관 1308호
Tel (02) 737-7081, 739-7879(Fax)
e-mail goessay@kornet.net
등록 / 제300-2007-52호

---

* 잘못된 책은 교환해 드립니다. 값 10,000원

ISBN 978-89-7814-580-0 03810